PIENSO, LUEGO MOLESTO

SIENTO, LUEGO EXISTO

ExLibric

MANUEL RIESCO GONZÁLEZ

PIENSO, LUEGO MOLESTO

SIENTO, LUEGO EXISTO

EXLIBRIC

ANTEQUERA 2021

MANUEL RIESCO GONZÁLEZ

PIENSO, LUEGO MOLESTO

SIENTO, LUEGO EXISTO

Agradecimientos

Este libro no habría sido posible sin la ayuda de muchas personas. A todos ellos, muchas gracias. En especial quiero reconocer el inestimable apoyo y aportaciones de Diego Arboleda, Jacinto Fernández, Vicky García-Lago, Luis Juanes, Esperanza Mosquera, José C. Nunez, Emilio Ontañón, Emma Riesco, Javier Riesco, Inma Torme y Julio Wais.

Índice

Introducción

Nuestra sociedad ha alcanzado un nivel de vida muy elevado: menos guerras, menos pobreza, menos dictaduras, mejores servicios sociales, etc. Pero aún queda un largo trecho para que sepamos vivir en armonía con el planeta y para que la justicia y los derechos humanos sean una realidad universal. Las tecnologías han derrumbado barreras hasta ahora infranqueables, facilitando el libre acceso a la información y el conocimiento. Pero, paradójicamente, también han generado un ruido inmenso y han colaborado a incrementar de manera significativa la brecha entre las élites pensantes y las masas obedientes. Hoy no está de moda el pensar. Los que piensan son pocos y, con frecuencia, molestan: «Pienso, luego molesto».

Gran parte de los males de la humanidad estriba en la incapacidad de las personas para pararse, reflexionar, estar a solas consigo mismas. Pero en la evolución del *Homo sapiens,* antes que la razón fueron las emociones y los sentimientos. ¿Cómo conciliar mente y corazón, condenados a entenderse? ¿Será necesario actualizar o reformular el axioma «pienso, luego existo» por «siento, luego existo»? En el capítulo II se conjugan un ramillete de emociones y sentimientos como el amor, el miedo, la compasión, el dolor, la soledad y la gratitud.

En este libro se combinan ideas, sugerencias y experiencias personales. No voy a descubrir hasta dónde llega la autobiografía y la ficción. Lo dejo en manos del lector. En cualquier caso, en los capítulos centrales, bajo la estela de Forrest Gump y la palabra de reconocidos Maestros de la Vida, se desgranan dos asuntos. Por una parte, se muestran algunas heridas y piedras con las que tropezamos en nuestro acontecer por el mundo. Por otra, se proponen estrategias para superarlas.

La tarea más importante del ser humano es vivir de manera digna y satisfactoria su propia vida. Cada día es un milagro, una oportunidad única para disfrutarlo, para construir las raíces, las ramas y el árbol de la propia felicidad. Pero el tiempo vuela, sobre todo cuando uno se va haciendo mayor. Por eso es necesario gestionarlo de manera adecuada y eficiente. Todo un reto y todo un arte.

El autor

CAPÍTULO I

Pienso, luego molesto y me molesto

«*De diez cabezas, nueve embisten y una piensa*».

A. Machado

RADIOGRAFÍA DE UNAS FRACTURAS SOCIALES

El premio nobel, médico y filósofo Konrad Lorenz (1984) diagnosticaba así los males de la sociedad en *Los ocho pecados mortales de la humanidad civilizada*: 1. Superpoblación; 2. Asolamiento del espacio vital; 3. Competencia consigo mismo; 4. Muerte en vida del sentimiento; 5. Decadencia genética; 6. Quebrantamiento de la tradición; 7. Formación indoctrinada; 8. Las armas nucleares.

Ya han pasado algunos años, pero el análisis crítico de Lorenz no ha perdido lucidez y vigencia, incluso ha ampliado su dimensión. Numerosas voces han puesto de manifiesto la brecha actual entre ricos y pobres, el ocaso de las ideologías, la dictadura del poder y del dinero, el individualismo, el presentismo fácil, el consumismo, la esclavitud de las apariencias, la ausencia de valores compartidos, el desdén por la naturaleza… Zygmunt Bauman (2000) ha denominado este momento de la historia como **modernidad líquida,** caracterizado por la ruptura con las instituciones y estructuras del pasado, donde nada es permanente, sino cambiante y caduco, tanto en el trabajo como en las organizaciones sociales y en el amor; un contexto que deriva en miedo al compromiso, ansiedad, estrés, angustia y constante búsqueda de nuevas experiencias.

Se ha abierto una brecha profunda entre la ignorancia y el conocimiento, entre los que piensan y los que obedecen

En el núcleo de este panorama, en mi opinión, hay una falla cada vez mayor, más profunda y peligrosa, un agujero negro entre la ignorancia y el conocimiento, entre las personas que piensan y las que no piensan.

Fue llamativo percibir cómo en los primeros días de alarma en la reciente pandemia del coronavirus los grandes almacenes se quedaron sin papel higiénico y cómo en las primeras jornadas de la «desescalada» las puertas de estas mismas superficies se abarrotaron. Mi memoria me trae a colación esos grandes «comederos sociales» iluminados por rebajas, Navidades, *Blackfridays*, Halloween, *Sanvalentines*… Es frecuente ver a masas que se disparan ante la penúltima moda o que siguen a los vocingleros políticos, que votan por tradición una y otra vez sin conocer los programas, que antes de que hable su líder ya les ha convencido, que aplauden al que simplemente les cae bien porque vocea más, insulta o miente mejor, porque tiene la palabra más políticamente correcta… *Sheeple*, que dirían los ingleses. Estas conductas compulsivas se ven acompañadas por un gran desencanto y despreocupación ante el compromiso social, lo cual tiene un coste alto: ser gobernados por la mediocridad.

Hace tiempo que no soporto los «telerraros», falsos noticieros de actualidad, compitiendo por la noticia más asquerosa pero llamativa. Me apena la «gente guapa» que vende sin pudor su vida. Mi amigo psicólogo tiene cada vez más demandas de los enganchados a las nuevas tecnologías, bombardeados por selfis y wasaps.

La urgencia, la anécdota, lo negativo, lo raro, lo efímero, lo aparente son las fuerzas que impulsan esta manera de ser y de estar. Hasta la literatura actual se ha enamorado de la sombra, de la oscuridad, del mal. Falta luz en el escenario de lo cotidiano. El sentido común, la verdad y la belleza son discretos; por esto no están de moda.

Este trazo rápido y sombrío de la sociedad parece real, pero también incompleto a todas luces. Necesita enriquecerse con otros colores luminosos. Desde una perspectiva histórica amplia, la humanidad nunca ha vivido mejor, con menos guerras, menos hambrunas y menos dictaduras; nunca los servicios sociales como la salud (a pesar de la COVID) y la educación han tenido tanta calidad y han sido accesibles para todos, nunca hemos tenido tanto tiempo para disfrutar de nuestras aficiones, nunca hemos estado tan a salvo de las duras inclemencias naturales, nunca nuestros paladares han podido degustar la variedad y sabor de los manjares, nunca hemos viajado tanto, nunca el amor ha volado tan libre, nunca hombres y mujeres han estado más cerca de ser ellos mismos.

Ante este bosquejo paradójico, me entra la duda de si no me estaré haciendo mayor. Evidentemente, no soy milenial, pero tampoco me resigno a aceptar estos indicadores como propios de una evolución social ascendente. Un hecho se me impone: el sistema capitalista que nos envuelve solo puede sostenerse con el consumo. Pero mi **cerebro** protesta en silencio. Sabe que cuando **piensa, molesta y me molesta**. Una vez más no le hago caso y voy a seguir poniendo nombre a lo que veo con una mirada crítica.

LA EDUCACIÓN, UNA PATATA CALIENTE EN EL TEJADO DE TODOS

En momentos de crisis todos acuden a la educación como bálsamo de Fierabrás, pero los hechos dicen que esta utopía es una falacia. Si hay algún sistema social abandonado y manipulado, ese es la educación. Los políticos la utilizan para sus fines. Cada partido en el poder hace su propia ley de educación a pesar de los maestros, que no intervienen en su diseño, aunque sí en su gestión. Son unos excelentes ciudadanos obedientes. ¿Por qué el colectivo de profesores en España no tiene colegio profesional? Ausencia significativa.

Los sistemas educativos europeos se construyeron en el siglo XIX comenzando por el tejado. Primero fue la universidad, luego la secundaria, más tarde la primaria. Algo parecido ha sucedido con el Espacio Europeo de Educación Superior. En nuestro país aún queda por construir el primer peldaño de la escalera: la educación infantil no es obligatoria, de modo que los niños pueden empezar directamente su educación por la primaria. ¿Por qué?

Construir puentes, edificios, aviones es importante, pero ayudar a construir personas es mucho más importante, difícil y hermoso

Gran parte de mi vida la he dedicado a la educación por vocación y me cuesta hacer un juicio doloroso. ¡Ojalá estuviese equivocado! Muchos esfuerzos de la escuela, y la universidad en particular, están matando las creencias y sueños de nuestros hijos; por esto muchos niños se rebelan y a los jóvenes no les motiva aprender a pesar de la voluntad, la paciencia y el buen hacer de la mayoría de los profesores. Pero no basta. Los sistemas educativos están diseñados no para emancipar y desarrollar la creatividad personal, sino para formar ciudadanos obedientes a otras fuerzas políticas, sociales, económicas. El fracaso de la educación no solo conlleva menoscabo del saber, sino que mina las raíces de la amistad y la solidaridad de las personas, convirtiéndose en un individualismo empobrecedor y recalcitrante. «Lo primero que se hace en la escuela es destruir el encanto y la espontaneidad y convertir al niño o al adolescente en un adulto prematuro» (Luis Landero, *El cuento o la vida*).

El principal problema de la escuela actual no es enseñar matemáticas, lengua o geografía, sino «poder estar». Hay demasiado ruido cultural que obnubila los sentidos y la mente.

He constatado que solo estando presente en la realidad se puede aprender a pensar y crecer. El poder y la eficacia de la educación residen en crear pensamiento propio. En nuestra época las humanidades no están de moda y el conocimiento histórico se manipula en función de intereses espurios.

El gran pensador y maestro Emilio Lledó (2009: 42) afirma con claridad y rotundidad: «Vale la pena recobrar esa historia, sobre todo porque nos sirve para entender mejor lo que nos pasa y lo que vivimos. [...] No es posible configurar el futuro, vivir en el futuro, si no ponemos a la historia por delante. [...] La falsificación y la manipulación de la historia ha sido un elemento esencial entre determinadas estructuras de poder que han pretendido tener a sus pies súbditos y no ciudadanos, gentío entontecido y no personas».

Una de las causas de la ineficacia docente es la «pedantería pedagógica» que subraya el saber del docente y minusvalora la inteligencia del alumno. La universidad se está convirtiendo en una empresa financiera que tiene que ser competitiva con «criterios de calidad» ajenos a ella; en muchos casos, en simple transmisora de conocimientos obsoletos no basados en la investigación y la experiencia. ¡Qué lejos queda la visión de Humboldt!, un «lugar donde alumnos y profesores investigan y aprenden juntos en soledad y en libertad»; o el afán didáctico de Sócrates, hijo de

Realizar una pregunta es abrir la propia ventana a la vida, mirar al universo con curiosidad y esperar sin indiferencia, pacientemente, a ver qué pasa

partera, tratando de que las personas fueran conscientes del saber tácito que ya poseían, pero que desconocían.

Hoy no es fácil activar la pasión por el conocimiento en los jóvenes. Muchos llegan a la universidad sin saber por qué, machacados por los medios de comunicación. En el mejor de los casos, su única preocupación es aprobar: «Profe, ¿esto va para el examen?». «Profe, que no ha subido el PPT al campus». «Profe, ¿cómo va a ser el examen?». Un día vino a mi despacho un grupo de alumnos:

—Profe, es que sus exámenes son muy difíciles.
—¿Por qué os parecen difíciles? —pregunté.
—Es que usted nos hace pensar —fue su respuesta.

Con la ayuda de las tecnologías, un gran número de profesores y alumnos han adoptado la postura más fácil para ambos: unas presentaciones en PPT, unas copias *online* y ya está; en eso se resumen la enseñanza y el aprendizaje. Hasta el punto de que los alumnos vuelven a quejarse: «Profe, que eso que ha puesto en los exámenes no viene en las presentaciones…». Se ha desterrado el estudio personal, la investigación, la consulta de fuentes, el debate… Más allá de la falsa concepción de la pedagogía como un conjunto de prácticas y recetas mágicas extensibles a cualquier situación, entiendo la educación en la escuela y en las familias como el arte de preparar la tierra, sembrar semillas y cuidarlas. Los frutos vendrán luego, si vienen, porque ahí entra en juego la libertad del educando y su contexto para interiorizar lo aprendido. Ante la dictadura de la imagen («una imagen vale más que mil palabras»), me pregunto: ¿qué imagen, qué valor, qué palabras? Sin un análisis crítico de su contexto y significado, pueden quedarse en *flatus vocis*.

En un estudio que realizamos hace unos años sobre «Quiénes son, qué hacen y cómo trabajan los mejores profesores» (Riesco *et al.*, 2012) concluimos que la mayoría de los profesores hacen bien su trabajo, están motivados, pero son muy poco reconocidos. También los hay que, cuando se ponen la bata, se convierten en meros transmisores de palabras ajenas, obreros de objetivos espurios, y no en facilitadores del aprendizaje significativo.

APRENDIENDO DE LAS BUENAS Y LAS MALAS PRÁCTICAS

Las semillas de la educación son ideas, sentimientos y comportamientos que se transmiten a través de modelos sociales, medios de comunicación, familias, cultura, gestos y, sobre todo, de la palabra amable, exigente y sabia del profesor. La memoria tiene una función privilegiada para que no caigan en tierra baldía.

Es de justicia arrojar una lanza en pro de los excelentes profesores. Transcribo las palabras de una maestra de educación primaria:

«Creo firmemente que somos nosotros los que nos encargamos de la urdimbre que luego sustentará (o no) el resto de vuestras contribuciones, pero que somos nosotros quienes ponemos las bases... En mi clase nunca hay una respuesta cerrada (ni siquiera en matemáticas). Si un niño me trae que 2 + 2 = 5 no le digo "mal". Le digo que por qué es 5...

Este curso una nena intentaba sumar 23 + 45 en horizontal y no le salía. Yo le dije: "Ponlo como una torre, que te será más fácil". Ella me dijo que no, que era más difícil. Le pregunté por qué y me respondió que por dibujar un castillo y sumarlo en la torre no era más fácil… Es más, no le iba a caber tanto número en la torre, porque ahí solo vivía una princesa.

Más allá de la gracia infantil, me hizo reflexionar sobre:

Instrucciones mal formuladas por parte de los profes.

La necesidad de saber el porqué de sus razonamientos para poder ayudarlos.

Por qué la princesa era la que vivía en la torre.

Tras ese día, en lengua hicimos un cuento por equipos en el que tenían que salir varias palabras y estaban prohibidas otras (lo hacen mucho conmigo). Salieron cuentos muy chulos de castillos y torres en las que no vivían ni reyes ni princesas…».

Esta manera de proceder sí es educación transformadora en manos de una maestra que ha asumido con gusto, dedicación y competencia su profesión de «partera».

A continuación me permito referir una anécdota personal de estilo opuesto. En mis años de estudiante universitario suspendí una asignatura cuyos contenidos ya conocía y había aprobado en otra carrera previa. Pedí cita al profesor: «Por favor, me gustaría una revisión para conocer los fallos y aprender de los errores». El día convenido fui a su despacho, llamé, pero al no obtener contestación abrí la puerta y dije tímidamente: «Con permiso». El profe estaba sentado en su mesa; vestía de traje azul, camisa blanca y corbata azul, peinado hacia atrás. No levantó la mirada. Un tanto cortado, me acerqué:

—Buenos días.

—¿Qué deseas?

—Había quedado con usted para revisar el examen.

Le dije mi nombre y como no me invitaba a sentarme opté por hacerlo con cierta timidez. Cogió mi examen con parsimonia, pasó la primera hoja, luego la segunda. Yo miraba su cara inexpresiva, oteaba mi escrito de refilón con disimulo. No veía en él ninguna observación ni tachadura. El profesor seguía mudo, yo le miraba una y otra vez. Así hasta el final. Hasta que, después de un silencio que me pareció eterno, osé decirle:

—Por favor, ¿puede decirme en qué he fallado? Quiero aprender.

Por primera vez dirigió su vista hacia mí por encima de sus gafas de color negro, se las quitó y las puso encima de la mesa, hizo ademán de levantarse y, colocando sus manos sobre mi examen, el cuerpo medio curvado hacia adelante y la cara enrojecida, dijo:

—Yo dicté… Yo dicté diez folios, diez folios en clase, y usted me ha puesto seis.

Me quedé estupefacto sin saber qué contestar, reprimiendo mis impulsos y mi lengua. Al cabo de dos segundos me levanté raudo sin decir nada. Mi instinto de supervivencia me llevó resuelto hacia la puerta. La abrí y, volviendo la cabeza, le dije con una sonrisa irónica como jamás había asomado a mi cara:

—Muchas gracias, señor «dictador».

La entrevista fue improductiva a todas luces, pero yo me quedé más ancho que largo, contrariado pero satisfecho. Dos años más tarde, en un congreso, dicho profesor, ponente en una mesa redonda, expuso su discurso de manera efusiva, agotando con creces el tiempo dispuesto. El coordinador le llamó la atención dos veces antes de cortarle. En el turno de preguntas alcé la mano y, dirigiéndome al susodicho, le felicité primero por su intervención y luego le hice esta pregunta: «¿Qué le parece la congruencia entre su discurso y el caso que le voy a contar?». Y referí el caso aludido. Al parecer se dio por enterado, pues se puso rojo, rojo como un tomate, pero no contestó y dio paso a otra pregunta. Yo me di por bien pagado.

CIENCIA, TECNOLOGÍA Y DESARROLLO SOSTENIBLE

Superada la Revolución Industrial, en la sociedad de la información hemos pasado rápidamente de una sociedad tradicional y estática a una sociedad estresada en la que, bombardeados por las nuevas tecnologías, pasamos los días corriendo en todos los sentidos, unos sin saber hacia dónde y otros a saciar sus ansias en las catedrales siglo XXI: los hipermercados y las *fashion stores*. Construimos edificios, creamos nuevas tecnologías, pero luego los edificios y las tecnologías construyen, sin darnos cuenta, nuestras relaciones y nuestras vidas.

En el mercado laboral ya no se reconoce tanto al más competente y comprometido cuanto al más eficaz a corto plazo, al que busca el éxito. Se premian las apariencias y el bien decir y no el buen hacer. Los jóvenes, atiborrados de títulos, no encuentran trabajo; los mayores de cincuenta lo pierden sin posibilidad de recuperarlo; los jubilados a los 55 son retirados de la circulación. ¿Por qué? ¿Dónde reside el criterio para valorar el conocimiento valioso? ¿En la economía, las finanzas, el poder, el progreso sostenible, el desarrollo humano, la experiencia?

> *La investigación y la innovación, desarrolladas en nuevos productos, han superado la capacidad humana de integrarlos en nuestras vidas.*

Cuando el progreso humano, reducido al avance material, es mucho más veloz que el progreso integral de la persona, incluido el progreso de la conciencia interior, se producen un desajuste y un malestar emocional profundos. Entonces nos volvemos dependientes de factores externos, perdiendo el sentido de la dirección en nuestras vidas.

DOS NUEVAS CASTAS SOCIALES: TECNÓLOGOS Y *MARKETINIANOS*

Cuentan que Arquímedes, quizás arrastrado por el entusiasmo ante su descubrimiento de la ley de la palanca, exclamó: «Dadme un punto de apoyo y moveré al mundo». Creo que la palanca principal que ha movido al mundo son las ideas nacidas de la mente humana, aplicadas a la ciencia, la cultura, la estética. En las disciplinas científicas como la física teórica, las matemáticas o la neurociencia se estudia el objeto «puro» en sí mismo, llevados por la curiosidad y con el único fin de descubrir. El resultado exitoso suele llevar a la admiración y la contemplación de la belleza. En cambio, el conocimiento tecnológico es de naturaleza distinta. Los tecnólogos suelen ser optimistas de raíz (un optimismo pragmático y presentista): creen que están colaborando en el presente y en un futuro mejor, tipo *Star Trek*, y que los efectos negativos de la tecnología serán mínimos. Pero a esta visión le falta el horizonte de la meta. Más allá de la tecnología, en el centro de la aventura en los libros y películas de ficción optimista con resultados exitosos siempre suele haber un ser humano, que es el que marca los objetivos y el sentido de la dirección.

H. G. Wells, padre de la literatura fantástica, publicó en 1895 *La máquina del tiempo*. En ella prevé un futuro de la humanidad dividido en dos especies: los Eloi, descendientes de los pobres, débiles, dóciles y sin inteligencia; y los Marlock, descendientes de los ricos, decadentes, habituados a vivir en las tinieblas, que se alimentan de los Eloi. En nuestro tiempo los primeros serían los pobres consumistas que no piensan y los segundos, los propietarios de conocimiento, de tecnología, pero igualmente débiles e indignos. No siempre la ciencia ficción acaba bien como en el libro citado. Esto sucede porque la tecnología ha ocupado un lugar que no le corresponde. De ser medio se ha convertido en un fin, robando el sentido a las ideas, a la vida y al comportamiento humano.

Leer una novela, un poema, un diario conecta no solo con el pensamiento del autor, sino también con las emociones, con la empatía y con el mundo. Nos permite viajar y dialogar con los otros. Cuando leemos activamos las neuronas y creamos

> *La sociedad está en peligro de infarto, sus venas están saturadas de colesterol malo propiciado en gran parte por las tecnologías y el exceso de consumo (V. Fuster)*

nuevos circuitos cerebrales. Pero para que haya aprendizaje hay que poner atención, leer despacio. Esto hoy no es fácil debido al bombardeo informativo al que estamos sometidos y a la presión del tiempo. Ojeamos el texto, pero no lo analizamos. Los medios de comunicación, apoyados en las tecnologías de la información, están restando valor a la lectura profunda, a los contenidos, en pro de la forma, del icono o de la imagen más aparente. De este modo, un lenguaje superficial obliga a una lectura rápida y super-ficial, destierra la capacidad crítica y crea realidades superficiales o falsas. Nunca más que hoy han estado de actualidad las *fake news*: «calumnia, que algo queda». Este es un gran problema. El lenguaje digital está transformando y manipulando la realidad y creando ficciones (Wolf, 2020).

La realidad descrita la conocen muy bien los políticos y los *marketinianos*. Los efectos los sufren especialmente los jóvenes. Estos no se comportan tanto por las ideas como por lo que ven y más les llama la atención. Ya lo anticipó McLuhan: «El medio es el mensaje». Las tecnologías, apoyadas por el *marketing* puro y duro, están transformando y están creando un nuevo orden del mundo[1], cuando en verdad el *marketing* no tiene naturaleza pro-pia. Es una disciplina que vive de otras, igual que la tecnología. «Las ideas no técnicas de los científicos influyen en las tendencias generales, pero las ideas de los tecnólogos se plasman en hechos tangibles» (Lanier, 2014: 179).

Las tecnologías nos han cambiado nuestro modo de pensar y vivir para bien y para mal. Hay una anécdota de Nietzsche cuando

---

1   Cfr. el excelente estudio de Carr, N. (2011). *¿Qué está haciendo Internet con nuestras mentes? Superficiales*. Madrid: Taurus.

este introdujo la máquina de escribir en su trabajo. «Tenéis razón», respondió a su amigo. «Nuestros útiles de escritura participan en la formación de nuestros pensamientos».

SATURADOS DE INFORMACIÓN Y CON HAMBRE DE CONOCIMIENTO

Vivimos en la llamada sociedad de la información debido al impacto de las nuevas tecnologías. Pero información no es lo mismo que conocimiento. La información son datos que, organizados, analizados e interpretados, dan lugar al conocimiento, es decir, a un conjunto de ideas, creencias y experiencias contrastadas y asimiladas mediante la reflexión que sirven de guía para la acción (Riesco, 2012).

Nuestra sociedad está saturada de información, pero tiene hambre de conocimiento.

«Antes de que la humanidad estuviera madura para una ciencia que abarca toda la realidad, se necesitaba una segunda verdad fundamental… Todo el conocimiento de la realidad empieza a partir de la experiencia y termina en ella» (A. Einstein, *Mi visión del mundo*).

Cuenta Platón que Sócrates y un discípulo paseaban por el campo. De pronto ven algo:

—¿Qué es aquello? —pregunta Sócrates.
—Una piedra o un hombre —responde el discípulo.
—Entonces, si no es piedra ni hombre, no es nada —concluye Sócrates.

Cuando una persona aplica el conocimiento a su vida de manera coherente puede decirse que se halla en camino hacia la sabiduría, que es estar y saber estar en el mundo. *Amamos el conocimiento y el saber porque amamos la vida (Aristóteles)* En momentos complicados de la vida, las personas sabias se preguntan: «¿Quién o qué está ahí, en mi mente o en mi sentimiento? ¿Qué es lo que me interpela? ¿Es algo dentro de mí mismo o viene de fuera?». Evidentemente, formo parte del universo, pero no me confundo con él.

En línea con pensadores como Zubiri, Lledó, Kant o Wittgenstein, acepto que hay un mundo exterior a mí que está ahí, que es real, que se me escapa, que debo aceptar; y otro mundo interior que es mi interior, la consciencia y apropiación de mí mismo. El primero se conforma por un sinfín de estímulos que se me imponen y que yo percibo cuando oigo u observo. El lenguaje vincula ambos, dando sentido al mundo como sistema.

DESCARTES HA MUERTO. ¡VIVA DESCARTES!

La inmensa falla mencionada al inicio de este capítulo revela que Occidente está huérfano y debería guardar duelo, pero no lo hace. Ha matado a su padre, Descartes. Lo peor es que no lo sabe y vive en un mundo feliz. *¿Cómo mantenerse en forma y no ser seniles antes de tiempo? ¿Qué es más efectivo, el pilates o la lectura?*

Hasta no hace mucho se pensaba que los procesos cognitivos como la memoria, la atención o la percepción eran campos independientes, ubicados en distintos centros cerebrales. Se ha descubierto que no es así, que están interconectados como los hilos de una telaraña. Por ejemplo, a una persona que, por enfermedad o por desidia, deja de escribir, de leer libros o la prensa es muy probable que la memoria empiece a fallarle. Entonces sus allegados le dirán: «Está entrando en un proceso de degeneración senil». La realidad es que no es una degeneración senil, sino que el hecho de no ejercitar unas habilidades propias de su poder cognitivo, en este caso la lectura, está afectando a la memoria. Lo mismo sucede con la falta de ejercicio físico y su repercusión en el cerebro.

Durante varios siglos la civilización occidental se ha definido como racional y se ha vanagloriado por ello, haciendo suyo el axioma «pienso, luego existo». El imperio de la razón, auspiciado por filósofos como Kant o Hegel y por hombres de acción como Henry Ford, Steve Jobs o Bill Gates, ha calado en la mente, en los códigos de comportamiento, en las estructuras y organizaciones sociales de todo tipo, empujando la investigación científica y el progreso como seña de identidad del ser humano. Yo me pregunto: ¿si no pienso, existo? ¿Es posible ser humano sin pensamiento? O mejor, ¿es posible existir como persona sin pensar? Es obvio que los humanos nacemos con la capacidad de raciocinio, pero si no la usamos ¿dejamos de ser personas? ¿Es posible una sociedad sin cerebro activo? ¿Hemos perdido nuestra identidad? Hemos asesinado a Descartes y no hay indicios de que vaya a resucitar a corto plazo.

TONTOS, SÍ, PERO ¿FELICES?

Muerto Descartes, ¿se acabaron los problemas? Quizás podríamos responder que somos tontos, pero felices al fin, sin problemas. Un condicional que, desgraciadamente, hoy se conjuga en presente: los que piensan son escasos y molestan. Por eso muchos se rinden y prefieren no pensar. No interesa la verdad ni conocer el porqué de las cosas, simplemente vivir. Eso sí, adormecidos y supercontrolados.

No pensar supone poner al cerebro en situación de anemia, menoscabando sus funciones básicas (Fuster y Rojas)

Las consecuencias de tal posicionamiento tienen un coste muy elevado: dejamos de ser personas y quedamos a merced de las circunstancias.

La meta del *Homo sapiens* en el ejercicio de sus neuronas es buscar la verdad. Una verdad que exige apertura de mente y de corazón, ecuanimidad, ausencia de prejuicios y apegos, diálogo con los otros, con el mundo y con la propia voz interior, como ya lo apuntó el famoso aforismo inscrito en el templo de Apolo: «Conócete a ti mismo». Ya lo decía el gran Machado: «TU verdad no, LA verdad. Y ven conmigo a buscarla; la tuya guárdatela». Jesús, el Maestro, dio un paso adelante: «La verdad os hará libres» (Jn 8, 31-32). Verdad y libertad van unidas. Tontos, sí, pero ¿felices?

Una última sensación: faltan líderes sociales que ilusionen, que marquen un rumbo, que sepan convencer, que tengan visión y cuyas vidas estén preñadas de valores dignos de la especie humana. Líderes inteligentes, comprometidos y éticos para audiencias inteligentes y comprometidas con la verdad.

CAPÍTULO II

Siento, luego existo

*«Primero fueron las emociones y sentimientos,
luego nació la razón».*

A. Damasio

41

La razón, como capacidad distintiva de los seres humanos, fue la protagonista en el capítulo anterior. Se resaltó su escaso protagonismo en la sociedad actual, poniendo de relieve la gran ruptura social entre ignorancia y conocimiento, entre las personas que piensan y las que no, entre los que mandan y los que obedecen.

Si antes apostamos por una vuelta a Descartes, en este capítulo se pondrá de manifiesto su gran error: el olvido de las emociones. Las personas somos más que cerebro. ¿Cómo conciliar mente y corazón, condenados a entenderse? ¿Será necesario actualizar o reformular el axioma «pienso, luego existo» por «siento, luego existo»? A continuación damos entrada a algunas emociones y sentimientos como el amor, el miedo, la compasión, el dolor, la soledad y la gratitud.

¿QUIÉN MANDA EN MI CASA?

Era primavera. Paseaba por la Pedriza, en la sierra de Guadarrama de Madrid, cuando escuché unas voces nada nuevas, pero más estentóreas que de costumbre. Como me impedían atender el canto de los pájaros y el murmullo del río Manzanares, me paré. Las reconocí al momento.

CEREBRO: ¿Quién hay ahí?

CORAZÓN: Soy yo, el de siempre. ¿Y tú quién eres?

CEREBRO: ¿Pues quién voy a ser? El que manda. A ver si no molestas.

CORAZÓN: Oye, aquí el que molesta y runrunea eres tú. ¡Qué noches me estás dando!

CEREBRO: ¡Mira quién va a hablar! Llevas desbocado días y meses. Desde que tu amor te dijo que no te hicieses más ilusiones, ni vives ni dejas vivir.

CORAZÓN: ¿Te importa, chulito? Aunque lo niegues, también te afecta. Parece que solo te alimentas de recuerdos. Te encanta negrear con el futuro y el pasado. Si al menos echases una mano… Pero no, leña al fuego.

CEREBRO: Mira, niño, a mí me han dicho que analice y decida. Así que, como ya no hay solución a TU problemita, pues te aguantas y te callas, que ya se te pasará, ja, ja, ja…

CORAZÓN: Tendrás cara… ¡Qué engreído y falso eres! Piensas que porque los dioses te hayan colocado en la cresta del cuerpo ya eres el rey del mambo. Te enrabieta que parte de las neuronas, que consideras de tu propiedad, estén en mi casa y en el bajo vientre. Eres menos inteligente de lo que crees.

Así estaban las cosas de encendidas cuando me pareció escuchar otra voz que provenía desde la cintura para abajo.

—¿Quién hay? —pregunté.

—Soy yo, el sexo.

—¡Vaya! El que faltaba —murmuré—. Ahora no es el momento, chico. Estate quieto —respondí.

—No es lo que crees. Hace rato estoy escuchando a esos parlanchines y ya me están cansando. ¿Qué sería de ellos sin mí?

Al oír esto, los otros, que habían estado callados un minuto, saltaron como una escopeta:

CEREBRO: ¿Quién te ha dado a ti vela en este entierro?

CORAZÓN: ¿Por qué interrumpes nuestra conversación?

SEXO: De conversación nada de nada. Diálogo de sordos, narcisos, autócratas. Eso es lo que sois. Acabo de hablar con el estómago; ha tenido un mal día. Seguro que por eso estáis tan alborotados y no os dais cuenta. Yo necesito descansar, que esta noche tengo plan. ¡Adiós!

Me dolía la cabeza de tanta cháchara, así que, sin más, decidí poner fin a este duelo de egos. Aceleré al paso y eché a correr. En cuatro zancadas la Charca Verde se mostró seductora ante mis ojos. Rápidamente me desnudé y me zambullí de cabeza en sus aguas claras, puras, cristalinas. Con todas mis fuerzas hice una aguadilla a los tres, cerebro, corazón y sexo, hasta que sus voces enmudecieron ahogadas. «¡Por fin!», suspiré. Me hice el muerto, flotando en aquel remanso de piedras lisas y redondas. Un torbellino de burbujas blancas mecía mi cuerpo y arrullaba mis oídos con la melodía de su música sin palabras. Me sentí relajado y en paz. Al salir me tumbé desnudo en la hierba verde, tomé un bocadillo de jamón con tomate y un trago de agua fresca. Al punto me quedé dormido.

EL ERROR DE DESCARTES

¿Otra vez vuelta a Descartes? Bueno, solo para subrayar su gran error. Durante mucho tiempo el campo de las emociones ha sido soslayado por la investigación y la educación, pero desde hace algunas décadas ha eclosionado con mayor o menor acierto, profundidad o superficialidad. Hay quienes piensan que las emociones siguen a los pensamientos como los patitos siguen a su madre; otros opinan lo contrario. Desde posicionamientos cognitivos ortodoxos se cree que el pensamiento gobierna siempre nuestras vidas y, por ende, nuestros estados emocionales son consecuencia de nuestros procesos mentales: «Cambia el pensamiento y cambiarán tus emociones». Los ubicados en torno a la denominada inteligencia emocional (Goleman, 2005) no están totalmente de acuerdo. Los psicoanalistas indagan en el pasado inconsciente, donde se cuecen las pasiones y los traumas. Por si fuera poco, en este debate hay quienes consideran que parte de nuestras neuronas están en el corazón y en el bajo vientre, tal como consta en la conversación antes referida. Consultemos a voces autorizadas.

El eminente neurobiólogo Antonio Damasio (2006) achaca a nuestro amigo Descartes que olvidase el papel de las emociones en el pensamiento humano. Su postura es más cercana a la de Spinoza. Cuando un niño llora no es capaz de escuchar a nadie, de preguntarse qué le pasa, de aceptar consejos o críticas. Lo único que quiere es consuelo y atención a sus necesidades. Los que somos padres hemos aprendido que a los bebés se les alimenta con leche, con cariño y con temple. Algo parecido sucede cuando a un anciano se le saltan las lágrimas, un enamorado pierde el apetito y se muere de melancolía o se nos va un ser querido.

Muchos psicólogos plantean este asunto como un dilema, cuando no es tal, sino una cuestión de integración. La experiencia y la observación hablan de la pluralidad y de diferencias en la especie humana. Unas personas son más racionales; otras, más emotivas y temperamentales, siendo muy difícil aseverar de manera taxativa y universal el inicio del proceso y quién manda en quién.

Las **emociones** son reacciones simples y automáticas del organismo encaminadas a su supervivencia, visibles en el escenario del cuerpo. Damasio (2006) distingue tres tipos de emociones:

- Las emociones **primarias o básicas**. Son las más visibles: miedo, ira, asco, sorpresa… Suelen ser constantes en todas las culturas.
- Emociones **de fondo**. No son muy visibles en el comportamiento, pero pueden deducirse del humor o el estado de ánimo: energía, entusiasmo, decaimiento, excitación, malestar, nerviosismo… Además de factores internos y externos, en ellas influyen también el estado de salud, dormir y comer bien.

- Las emociones **sociales** como la simpatía, la turbación, la vergüenza, el orgullo, la culpabilidad, la envidia, la gratitud, el desdén o la simpatía incorporan respuestas propias de las emociones de fondo y de las primarias.

Aunque en el lenguaje común emoción y sentimiento se equiparan, investigaciones recientes confirman que, en el proceso de la evolución de la especie humana, las emociones han precedido a los sentimientos.

En el proceso evolutivo las emociones precedieron a los sentimientos

Un **sentimiento** es «la percepción de un determinado estado del cuerpo junto con la percepción de un determinado modo de pensar y de pensamientos con determinados temas» (id., p. 86).

Los sentimientos (dolor, placer, tristeza, alegría…) son los cimientos de nuestra mente. No se muestran tan explícitos como las emociones, se representan en el cerebro y podrían interpretarse como emociones en un grado o nivel superior en el que ya ha intervenido la mente. Su estudio es importante para conocer la correspondencia entre mente y cuerpo, para comprender cómo somos, para entender cómo nos comportamos y por qué lo hacemos, para saber el papel que juegan en las decisiones, en la construcción del yo; en definitiva, por su influencia en el bienestar y la felicidad de las personas.

Los sentimientos son necesarios porque son la expresión, a nivel mental, de las emociones y lo que subyace en ellas. Su bloqueo conlleva serias complicaciones. Reconocer que en la formación de los sentimientos actúan los procesos mentales tiene consecuencias importantes para la intervención ante problemas que exigen cambio, creatividad y raciocinio.

Resultados de investigaciones en el ámbito de la neurología (Davidson y Begley, 2012) concluyen que, dado que una emoción es un conjunto complejo de respuestas químicas y neuronales, es posible estudiar los circuitos cerebrales de los sentimientos de igual modo que otros procesos humanos como la memoria o la visión. Este hallazgo es relevante, pues abre la puerta a la intervención psico-pedagógica, biológica y farmacológica. Al observar y reconocer los propios sentimientos podemos cambiarlos o al menos controlarlos, lo que repercute directamente en nuestra calidad de vida.

Hechas estas aclaraciones, ¿existe algún punto de encuentro entre los actores que discutieron en la montaña al inicio de este capítulo? Acudamos de nuevo a Spinoza. El gran filósofo afirmaba que una *El cerebro cartografía el estado físico del cuerpo, pensamientos, emociones y sentimientos, poniendo a cada uno en su sitio* emoción negativa se combate con otra positiva más poderosa. En lenguaje popular diríamos que «un clavo quita a otro clavo» mediante un esfuerzo intelectual. Un asunto nada fácil, por supuesto, pero si no queremos ser esclavos de las pasiones y las emociones el cerebro debe cartografiar el estado físico del cuerpo, los pensamientos, las emociones y los sentimientos, poniendo a cada uno en su sitio. Es lo que más adelante llamaremos «estado de plena conciencia».

El **proceso** podría resumirse así: los pensamientos relacionados con alguna emoción llegan después de que la emoción haya aparecido. Primero aparece una sensación de alegría o tristeza, luego llega el pensamiento que responde a esta pregunta: ¿por qué me siento alegre o triste? Lo más importante de esta visión es que en muchos casos revela que el pensamiento depende de la emoción y esta, quizás, de alguna otra parte del cuerpo. Si una persona no es consciente de ello, es muy posible que sus pensamientos y comportamientos sean dependientes o esclavos de emociones y sentimientos inconscientes. Llegados a este punto, el psicoanálisis puede ser de gran ayuda. En definitiva, en el entramado de las emociones y sentimientos es preceptiva esta pregunta: ¿qué ha originado la emoción y el sentimiento concreto? ¿Quién está ahí?

En pro de la simplicidad, a continuación se presenta el boceto de algunas emociones y sentimientos, nombrados indistintamente, aunque, como acabamos de exponer, existen diferencias tanto en su naturaleza como en sus funciones en el proceso perceptivo, cognitivo y emocional.

LA GALERÍA DE LOS AMORES

El amor, seguramente la palabra más usada, es un sentimiento de vivo afecto e inclinación hacia una persona, animal o cosa a la que se le desea todo lo bueno. Revela un ansia poderosa de relación, de superar el alejamiento, de liberarnos de la prisión de la soledad. La solución definitiva del problema de la existencia es la unión entre personas, la fusión con otro ser, el amor (E. Fromm, 1979). Que el amor cristalice depende de factores como la semejanza, la proximidad, la ideología, la interacción, la «química», el azar…

Amor de pareja

Cuenta una leyenda zen que una abuela llevaba diariamente la comida a un monje. Cierto día le dice a su nieta de dieciocho años: «Llévasela tú y le rodeas con tus brazos». Así lo hizo esta. «¿Qué tal te fue?», le preguntó después la abuela. «Ya soy árbol viejo», contó la nieta que le respondió el monje airado. «No te preocupes. El próximo día rocías su cabaña y le prendes fuego». Así lo hizo de nuevo la obediente nieta. Sucedió que el monje salió corriendo asustado y gritando: «¿Qué pasa? ¿Por qué me habéis hecho esto?», a lo que la abuela contestó a voz pelada, escondida tras un arbusto: «Al árbol viejo, leña al fuego».

El deseo es el embajador de nuestra esencia creativa, parte de la vida humana, también el deseo sexual. Este tiene tanta fuerza porque es fuente de vida. Con el tiempo evoluciona. Es imposible eliminar los deseos porque entonces te matas a ti mismo; otra cosa es poder controlarlos.

El amor de pareja tiene sus fases.

El amor enamorado

Desde joven, cuando leí *El arte de amar*, me he identificado con las cuatro características con las que E. Fromm describe el amor: cuidado, respeto, responsabilidad y reconocimiento. Añadiría otras: comprensión, compasión, paciencia y escucha activa. Un día escribí en mi diario:

> *No sé ni el día ni la hora,*
> *perdido entre los recuerdos de tu imagen,*
> *envuelto en nostálgicas notas,*
> *sirenas del más allá…*
> *Sí, calle todo y*

brame el sonido del silencio.
Estoy solo,
solo con tu dulce y lejana presencia
que nada ni nadie puede arrebatarme,
que a veces me produce alegría volcánica,
a veces incertidumbre, inquietud, impaciencia.
Cuando te veo, descanso y me olvido de todo.
Cuando te desvaneces, vuelve la duda,
una espina que ahoga
mi corazón y mi garganta.
Quiero amarte cerca y no puedo,
hablarte y no puedo,
acariciarte y te esfumas.
¿Hasta cuándo durará esta prisión?
Amor mío, no te vayas,
las puertas de mi casa están siempre abiertas,
la mesa servida, el pan caliente.
Pero eres libre, vete si quieres.
Mi vida estará contigo,
y si algún día regresas
te estaré esperando.
Si por poder se pudiera…,
yo sería todo tú,
manos tuyas, boca tuya, ojos tuyos,
y así, escondido, respirar tú, reír tú, llorar tú
y amarte toda tú sin que te dieses cuenta.
Estoy borracho de ti.
¡Ay, amor! Di algo, que estoy que estallo.

¡Ay! Suspiros de un enamorado… Solo quienes nunca han estado enamorados o los que han resultado escaldados por experiencias duras restan valor al enamoramiento. Esta fase es la más gozosa, también la más la más sufrida y volátil. Los enamorados llegan a pensar que serán incapaces de vivir sin la persona amada, aunque luego la vida suele contradecir o restar fuerza a esta idea.

Amor maduro

Me gusta más hablar del amor maduro porque demanda complicidad, paciencia comprensión, ayuda, respeto, confianza y fidelidad sin dependencia. Es como abrir una cuenta emocional bancaria que ambos gestionan diariamente con detalles.

> *El amor maduro demanda complicidad, comprensión, ayuda, respeto, confianza y fidelidad sin dependencia*

Requiere un aprendizaje continuo para mantener la libertad propia y la de la persona amada y, a la vez, caminar juntos. Una relación mantenida por la dictadura, el apego (posesión) o la indiferencia no merece la pena. Siempre me ha impresionado la imagen tierna de dos viejecitos parados delante de un semáforo agarraditos de la mano. No les hace falta hablar para entenderse. Cuando uno dice adiós, el otro se va detrás, muerto, pero de pena.

El sexo, un invitado de honor

El sexo es muy importante en la pareja. En el sexo inclusivo se unen mente, corazón y cuerpo. Estoy de acuerdo con Viktor Frankl en que el sexo maduro debe ser una encarnación del amor y no una masturbación en el cuerpo del otro. La otra persona es mi compañero/a de viaje, mi amigo/a, no un medio para satisfacer mi tensión o necesidades de cualquier tipo.

La química, las hormonas, las emociones y deseos ligados al sexo cambian con el tiempo. Si se acepta esto, hay que cambiar también la mentalidad de declive o *fixista* por la mentalidad de crecimiento, reemplazar la manera de pensar del perfeccionista por la del evolucionista. El sexo es una parte noble de la naturaleza humana, importante en cualquier edad. La represión sexual, en particular aplicada a las mujeres, se ha fiscalizado tanto por las instituciones sociales como religiosas. Afortunadamente, hoy las cosas están cambiando.

No quiero profundizar en cuestiones controvertidas como la castidad y la abstinencia. Una persona puede ser célibe y no ser casta. ¿Por qué el celibato es impuesto a personas que pueden no tener vocación de célibes cuando, además, no se les ha formado para gestionar su libido? El Concilio de Elvira (311 d. C.) propuso que para ser obispo era necesario ser hombre probado en virtud y de una sola mujer. La tradición de unir sacerdocio y celibato solo se hizo sólida a partir del siglo XI. Se puede practicar la castidad y la abstinencia, pero no se puede erradicar el deseo porque entonces se reprimiría una energía vital importante, lo que acarrearía desórdenes y sufrimiento. La abstinencia, como práctica de los sentidos, es muy difícil si no hay suficiente alimento espiritual.

Parejas infelices crónicas

Hay parejas que viven en un estado de permanente infelicidad porque siempre quieren lo que no tienen y no lo saben o no aceptan que el amor perfecto no existe, tal como lo pintan los vendedores de bagatelas. Es el mito tan actual del amor romántico. En el camino, toda relación, tarde o temprano, tiene sus contratiempos y atascos.

El perfeccionismo es un palo en la rueda que no permite avanzar hacia una relación estable por temor al fracaso o por la inseguridad de que sus intereses no sean correspondidos. Los conflictos en la pareja son inevitables y hasta necesarios para generar un vínculo más firme y duradero. Evidentemente, no me refiero aquí a situaciones de maltrato, abandono y abusos, por ejemplo, que deben ser el punto final a una convivencia familiar o a una relación de pareja, sino a problemas derivados de la convivencia diaria.

Los conflictos en la pareja son inevitables, pero no necesariamente negativos. La clave es gestionarlos bien

No todos los conflictos en la familia son iguales. La clave es gestionarlos bien. Algunas parejas son tranquilas, nunca levantan la voz; otras son temperamentales. Las crisis pueden ser el principio del fin del sentimiento mutuo o el principio del amor maduro, que exige comunicación, complicidad, voluntad de corregir lo que corresponda, empatía y aceptación activa. Una de las heridas más dolorosas es la indiferencia del ser amado. Cuando esto suceda, aunque sea doloroso, hay que olvidar las rutinas y poner la alarma.

Amor para siempre y amor temporal

Hay parejas cuya relación es estable, gozosa y duradera, lo que les lleva a una madurez como personas. Eso no quiere decir que esté exenta de conflictos y contratiempos. Sea por lo que sea, la realidad es que la tasa de divorcios y separaciones en España es de las más altas en la UE, en torno al 60 %, según datos recientes del INE.

El divorcio no significa hundimiento. Si se asume la realidad compleja y dolorosa de la separación de forma consciente y compasiva, la misma vida te da la mano para seguir compartiendo sueños, ilusiones, viajes, sufrimientos y sonrisas, éxitos y fracasos. La naturaleza y el calor de tus seres queridos te acompañarán en tu nueva etapa. De lo contrario, en la hora del adiós definitivo es posible que te arrepientas de lo que, pudiendo haberlo hecho, no lo has hecho por miedo, por comodidad o por excusas. La vida es un soplo y no tiene camino de vuelta.

Hace poco me decía una amiga cuya pareja la había dejado por otra persona: «¿Qué tiene esa que no tenga yo?». Romper una relación en la que floreció y se marchitó el amor supone un trance espinoso. Entonces puede darse paso a la acritud, la desazón, la depresión, la soledad… Te miras al espejo, lloras, duermes mal, runruneas, te culpabilizas, lanzas insultos, haces actividades, buscas amigos…, pero el dolor no hay quien te lo quite. La etapa de duelo es dura, pero pasajera. Depende de la persona, las experiencias previas y la situación concreta. La mayoría logra reconstruir su vida y establecer nuevas relaciones gratificantes.

A veces el resentimiento de los divorciados suele tardar años en desaparecer, pero hay que ser conscientes de que el odio es autodestructivo. La separación, en la mayoría de los casos, es un grito de liberación y una oportunidad única para construir una nueva vida afectiva y dichosa, para ser uno mismo. Con frecuencia viene a la mente este pensamiento: «¿Por qué no lo habré hecho antes?». Los hijos no deben ser una falsa excusa o una mentira intensa para hacer lo que hay que hacer. En cualquier caso, requiere coraje abandonar una zona de confort, rutinaria, segura y tranquila. Al final hay que perdonar, pasar página y abrir un nuevo capítulo en nuestra historia. Las personas tenemos una capacidad extraordinaria de resistencia y de adaptación.

Una mujer o un hombre que han roto su relación pueden creer con gran intensidad que necesitan otra pareja, que por sí solos no se bastan. Hay iniciativas divulgadas en las redes que tratan de fomentar encuentros entre personas separadas mediante distintas actividades. Estos encuentros pueden acabar bien o ser decepcionantes. Cada persona tiene sus propios intereses al participar. Pero conviene recordar que las prisas son malas consejeras: «Vísteme despacio, que tengo prisa», dicen que dijo Felipe II. Involucrarse en otra relación con alguien que no tenga estabilidad emocional puede ahondar más el estado negativo y prolongar el proceso de recuperación. Muchas veces no hay otra alternativa que aguantar, retirarse a la isla de uno mismo y buscar apoyo en los amigos, en la terapia, en la naturaleza, en las aficiones placenteras.

Amor a la humanidad

Amar al prójimo sin distinción de color, clase, cultura, edad o género es un imperativo no solo ético, sino una necesidad de supervivencia de la especie humana, aunque con harta frecuencia la soslayamos. Hemos aprendido, o deberíamos haberlo hecho, que nos ha ido mejor en tiempos de paz que en tiempos de guerra, aunque algunos resuman la historia de la humanidad como grandes períodos de guerra interrumpidos por breves intervalos de paz. ¿Cuál será la lección correcta?

Muchas personas han alumbrado con sus vidas nuestro pequeño mundo. Basten algunos testimonios:

- «Mi paz interior reside en poder servir a la comunidad» (Nelson Mandela).
- «Ama a tu prójimo como a ti mismo» (Jesús).
- «La felicidad solo puede alcanzarse a través de un auténtico amor» (Thich Nhat Hanh).
- «La amistad es lo más necesario para la vida, ya que sin amigos nadie querría vivir, aun cuando poseyese todo lo demás» (Aristóteles).
- «El amor es paciente, es bondadoso. El amor no es envidioso ni jactancioso ni orgulloso. No se comporta con rudeza, no es egoísta, no se enoja fácilmente, no guarda rencor. El amor no se deleita en la maldad, sino que se regocija con la verdad. Todo lo disculpa, todo lo cree, todo lo espera, todo lo soporta» (I Corintios 13, 4-7).

Más de una vez me he encontrado con personas que rezuman acritud, que sus pensamientos son siempre negativos, malsanos, y que siempre están irritadas. Por mi manera de ser, solía preguntarme preocupado: «¿Qué he hecho mal? ¿En qué les he ofendido?». Con los años he llegado a la conclusión de que su enfado con el mundo se debe a que están sufriendo mucho. Algunas pueden arrastrar traumas de su infancia, maltrato, abandono, abusos… y continúan padeciendo durante toda su vida miedos, inseguridades, dependencias y baja autoestima. Otras (y esto es peor) ni siquiera saben las causas de su malestar. He tenido que cambiar mis pensamientos y emociones, transformando mi respuesta espontánea, autoculpabilizante o agresiva por compasión, empatía y escucha activa.

Ámate tanto como puedas, que no te hará daño

«El amor a uno mismo y a los demás solo puede crecer en el suelo de la comprensión».

Thich Nhat Hanh

Recuerdo perfectamente la escena. Tendría yo unos diecisiete años. Estoy en mi casa; serán las diez de la mañana de un miércoles en vacaciones de verano. Mi madre ya tiene preparada la comida y yo tengo que llevarla a los segadores en el campo. Huele muy bien a cocido. No soy presumido, pero aquel día, al entrar en cuarto de baño, veo una imagen en el espejo, la miro y de pronto me asalta una idea peregrina: «¿Quién es ese?». Quedo intrigado. «¿Seré yo?». Es posible, pienso, pero me veo raro, como si no me conociese. Hago muecas, me saco la lengua, me guiño un ojo, luego el otro y me pongo a reír como un tonto; luego mi semblante se pone serio, de nuevo me vuelvo a mirar con atención y una voz interior me dice: «Manuel, encantado de conocerme». Me quedo alelado y no sé cómo reaccionar. Sigo mirándome; desaparecen la sonrisa y las muecas. Estoy un minuto con la vista fija en el cristal, que me devuelve una imagen que no conozco. De pronto noto que una lágrima empieza a correr por mi mejilla, luego otra y otra. «¿Qué me está pasando?». Observo perplejo durante un minuto esa foto ahora desvaída por el agua de mis dos ojos. Me pongo a llorar a todo gas sin saber por qué. Mi hermano interrumpe mi ensimismamiento con un golpe en la puerta: «Manolo, dice mamá que te des prisa, que tienes que llevar la comida». No puedo contestar mientras me seco las lágrimas. Vuelvo a mirar al espejo y ahora sí me veo. «Debo de ser yo», me digo. Alguien en quien no me había fijado hasta entonces. ¡Qué sorpresa! Se me pone un nudo en la garganta, me quedo absorto unos segundos y no se me ocurre otra idea que darme unos abrazos. Ahora las lágrimas se entremezclan con una risa espontánea. Poco a poco voy sintiendo una paz y una relajación totalmente nuevas para mí. «Pues encantado de conocerme, amigo», respondo al de enfrente, que también sonríe. Me doy un par de abrazos más, me lavo la cara y salgo del cuarto de aseo. «¿Te pasa algo, hijo? —pregunta mi madre—. Parece que has llorado». «Nada, madre. Es que se me había metido un mosquito en el ojo», respondo con una sonrisa.

Quien no se conoce y se reconoce, no se ama y no se cuida será incapaz de amar a los demás. Hasta puede llegar a ser su peor enemigo y echar la culpa a los demás del propio sufrimiento.

Quien no se reconoce, no se ama y no se cuida será incapaz de amar a los demás

La comprensión de uno mismo no es fácil, requiere que la mente actúe desde un nivel superior. ¿Cómo se siente mi cuerpo? ¿Cansado, relajado, enfermo? ¿Cómo son mis emociones? ¿Estoy alegre, enfadado, triste? ¿Por qué? ¿Estoy seguro de que mis percepciones no son equivocadas? (Las percepciones erróneas acarrean grandes sufrimientos y decepciones). ¿Qué pensamientos invaden mi mente? ¿Cómo está mi conciencia? ¿Tranquila, en paz, inquieta?

He sido muy exigente conmigo mismo, lo que me ha acarreado culpabilidades y sufrimientos. Hoy, como describiré más adelante, sigo siendo exigente, pero ya no soy esclavo de mis equivocaciones. Las asumo y las meto en la cartera de oportunidades para mejorar.

COMPASIÓN, EL ARTE DE IMPREGNARSE DE LA REALIDAD

Compasión no es sentir simplemente lástima o gozo por algo o de alguien. «Com-pasión» es «com-partir» pasión; no solo mirar de manera benévola, sino dejarse impregnar por la realidad. Implica interés, comprensión y respeto por uno mismo, por la naturaleza y por los demás. La compasión prioritaria nos la debemos primero a nosotros mismos. Ser conscientes del sufrimiento propio o ajeno y a la vez conservar la paz, la serenidad y la fuerza no es una tarea fácil. Comprender y aceptar la realidad de que somos capaces de lo mejor y lo peor aporta paz y serenidad.

Cuando tratamos de ayudar o consolar a alguien, incluso a nosotros mismos, lo que primero que nos sale es dar razones, justificar, aconsejar, tratar de animar. Este comportamiento, aderezado incluso con palabras amorosas, no es eficaz si antes no nos hemos parado, observado y escuchado atentamente los motivos de la situación. Un gesto, un abrazo, una sonrisa pueden ser más que suficientes al inicio de una intervención de ayuda.

MIEDO, UN ALIADO VALIOSO PERO PELIGROSO

El miedo es un sentimiento valioso, pero también puede ser dañino. Mi madre es muy miedosa; siempre dice: «Cuidado con esto y con lo otro, no vayas con esos amigos, no corras tanto, cierra la puerta de casa con tres vueltas de llave, no comas tan deprisa, cuidado con la montaña, ¿para qué viajas tanto con lo bien que se está en casa?…». Toda su vida está vallada por los noes y los miedos. «¡Qué tonta he sido!», reconoció un día de lucidez. Cansado de tanto runruneo, aproveché para decirle: «Madre, ¿sabe usted que el noventa por ciento de las personas mueren en la cama? Ante este hecho, he decidido ser precavido. A partir de mañana no me acostaré nunca en una cama. Dormiré de pie. Así elimino en un noventa por ciento el miedo de morirme». Se quedó confusa, tardó unos segundos en responder y al final dijo: «Bueno, bueno, ya sé lo que quieres decir, pero mira a Genaro: no paraba en casa y lo pilló un coche».

«Pues eso, madre, pues eso. A partir de mañana tampoco saldré de casa y seré inmortal». Entendió lo absurdo del raciocinio y se rio, pero sigue siendo esclava de sus miedos.

El miedo es un sentimiento normal que nos protege. El problema es el miedo crónico

Mientras tengamos miedo, estamos vivos. El miedo es una respuesta emocional desagradable ante un peligro cuya finalidad es proteger nuestra supervivencia y nuestro bienestar. Es algo normal en nuestras vidas. Miedo a morir, a la soledad, a la vejez, a que nos hagan daño, al sufrimiento, a lo que puedan pensar de ti, a ser descubierto, al abandono, hasta ser envenenado… Todos lo sabemos, pero no todos lo sentimos de la misma manera y menos aún lo aceptamos.

El problema es el **miedo crónico**, sostenido tanto por causas reales como por causas o amenazas no objetivas. Acapara nuestra vida y no nos deja vivir en paz, derivando en una ansiedad o angustia permanentes que nos esclavizan.

Las semillas del miedo

La planificación obsesiva impide gozar el presente, es motivo de angustia, desazón y miedos. Hay quien dice que la mejor manera de construir el futuro es anticipándose al mismo. Cierto, hasta cierto punto. Mejor es prevenir que curar, claro está, pero conocí a una persona que pasó muchos años de su vida «previniéndose» para cuando fuese mayor: no bebía, no fumaba, comía poco, viajaba menos, hacía ejercicio físico, era muy seria, no sonreía, pero… se murió a los 45 años. Creemos que controlamos todo, cuando es la vida la que nos tiene cogidos de la mano.

En mi quehacer profesional me he guiado siempre por este principio: la educación consiste en disponer unas condiciones adecuadas para que algo suceda. No me contradigo; reconozco que he invertido mucha energía y tiempo buscando las mejores posibilidades, planificando, adelantándome al futuro. Y no me arrepiento, soy así. Con este proceder he conseguido muchas cosas. Pero esas «gafas» me han oscurecido con frecuencia mi camino, me han impedido gozar de la marcha, del calor humano de mis compañeros y alumnos. He sido dependiente del futuro, olvidándome de que cada día tiene su propia preocupación y su motivo de gozo. ¿Quién te asegura que habrá un mañana?

Las experiencias de la vida son la principal fuente de aprendizaje. Pero también el pasado, en su versión negativa, puede embotar el pensamiento, agarrotar el movimiento y esconder motivos para el miedo malsano. El maltrato, el abandono y los abusos en la niñez hacen a las personas frágiles, vulnerables, inseguras, faltas de asertividad, de autoestima, con necesidad imperiosa de ser aceptadas, queridas y valoradas. Esos aconteceres anclados en nuestra memoria pueden ser origen de dolor, de sufrimiento y de nuevos miedos si no se reviven con plena conciencia, ejerciendo la comprensión y la compasión. Hay quien dice que no existen traumas, que las experiencias del pasado dependen del significado que les demos (Kishimi y Koga, 2020: 27). Estoy parcialmente de acuerdo. Sin caer en el determinismo, creo que el pasado deja huellas profundas, más allá del significado que le demos. Otra cuestión es que podamos superarlas mediante el trabajo consciente, la terapia, la ayuda.

Una de las cualidades más valiosas del ser humano es nuestra radical imperfección. Si fuésemos perfectos no seríamos libres, no tendríamos la capacidad de hacer el mal y pudiendo hacerlo no lo haríamos. Por esto, no es justo ni objetivo evaluar los errores del pasado desde nuestra sabiduría presente. Siempre, pero en especial en tiempos de tempestad, es útil y necesario trabajar con el aquí y ahora, con en el niño que todos tenemos dentro, pero que ha crecido y ahora quiere ser adulto y fuerte.

Hay personas que son tan miedosas que se pasan la vida «corriendo» para escapar del miedo. No se dan cuenta de que están huyendo de la realidad y de sí mismas. Un círculo vicioso. Correr sin saber hacia dónde es la mejor manera de ir a ningún sitio.

El temor al fracaso es normal. Lo que ya no es normal es el temor vehemente, profundo e intenso al fracaso, una situación propia de las personas perfeccionistas y ambiciosas, que nunca están satisfechas; si consiguen un éxito no lo disfrutan, sino que ya están pensando en el siguiente. Si no aceptas el fracaso como parte de la realidad, si no aprendes a fracasar, estarás obstaculizando tu aprendizaje y tu crecimiento. La contrapartida es el éxito. Tan importante es aceptar el uno como el otro, disfrutar de los primeros y gestionar las emociones derivadas de ambos. El perfeccionista es un inadaptado con la realidad.

Las barreras quitamiedos

Unos más, otros menos, no podemos vivir sin miedos. Para superarlos lo primero es reconocerlos y analizar su origen, su núcleo profundo, causas internas o externas, propias o ajenas. En muchos casos es necesaria una acción terapéutica. La meditación es una excelente opción que conlleva una pregunta clave: ¿quién me está rondando? Hay muchas técnicas para afrontar el miedo, las emociones intensas y la ansiedad. Yo suelo pararme, a ser posible cerrando los ojos, junto los dedos pulgares e índices de ambas manos y respiro profundamente durante unos segundos.

Thich Nhat Hanh, un reconocido maestro budista, ha estudiado, vivido y compartido sus hallazgos en un libro muy práctico: *Miedo. Vivir el presente para superar nuestros temores. Prácticas para transformar el miedo* (2018).

EL DOLOR ES INEVITABLE. ¿EL SUFRIMIENTO ES OPCIONAL?

«El dolor es inevitable, el sufrimiento es opcional».

Murakami

Contradiciendo a Murakami, opino que a veces el sufrimiento no es opcional, sino inevitable, lo que no significa que no tratemos de transformarlo o erradicarlo. Que se lo digan a tantos niños y personas mayores que han de «apurar hasta la hez el cáliz que el mundo impone a los desventurados» (Kafka, *La metamorfosis*, p. 75) o que se lo pregunten a Gregorio Samsa, quien «una mañana, tras un sueño intranquilo, encontrose en su cama convertido en un monstruoso insecto» (id., p. 7). Tampoco estoy de acuerdo con lo que me enseñaron de pequeño, que llorar no es cosa de hombres, una soberana tontería. Si hay que llorar o reír, se llora o se ríe sin más y no pasa nada; al contrario, es muy saludable.

¿Tiene algún sentido el sufrimiento?

El sufrimiento es un sentimiento desagradable más profundo que el dolor. Deriva de causas físicas, psicológicas y emocionales. Forma parte de la naturaleza humana buscar el placer y evitar el dolor, pero no todos reaccionamos de igual modo ante ellos. Tengo un amigo con el que suelo ir a la montaña los fines de semana que tiene buena salud, nada en la abundancia económica, tiene unos hijos preciosos, pero no es feliz. Cualquier contratiempo le quita el sueño, está continuamente agobiado, no vive. La semana pasada fui a ver a otro amigo, profesor de secundaria. Tiene cáncer, está divorciado y duerme tranquilamente con una sonrisa. «Lo que sea será», le gusta decir. «Doy gracias a quien corresponda por vivir un día más».

¿Por qué estas posturas tan distintas? En la percepción y enfrentamiento del miedo entran en juego la razón, la cultura y la personalidad de cada uno. En Occidente (salvo excepciones, como en algunas corrientes religiosas) solemos rechazarlo sin más. Al no verle sentido alguno lo consideramos un enemigo, una piedra para nuestro bienestar y felicidad, y lo combatimos activamente mediante la represión, la medicación u otras vías alternativas más fáciles y rápidas como las drogas, el activismo, el consumismo o el sexo. En casos extremos, el suicidio se presenta como una solución inevitable. En otras culturas, en particular las orientales, el sufrimiento no se valora tan negativamente, reconociéndole un papel importante en el crecimiento y desarrollo de las personas. Si el sufrimiento es inevitable, su reconocimiento y aceptación aportan comprensión, paz, compasión, resiliencia y respeto a la realidad, una postura propia de «los pocos sabios que en el mundo han sido».

Nietzsche y Teresa de Jesús, cara a cara

Cuánto me gustaría asistir a un debate con Nietzsche y Teresa de Jesús como invitados. Posiblemente, el primero, atusándose el bigote, diría:

—Lo que no nos mata nos hace más fuertes.

Y la andariega le respondería:

—Nada te turbe, amigo Nietzsche, nada te espante. Todo se pasa, Dios no se muda, la paciencia todo lo alcanza. Quien a Dios tiene nada le falta, solo Dios basta.

Curiosamente, ambos coincidirían en dar un sentido al sufrimiento y a las contradicciones de la vida, aunque desde planteamientos muy distintos.

Afrontando el dolor y el sufrimiento

El sufrimiento mayor proviene de situaciones crónicas o duraderas que no controlamos. Entonces surge lo que en psicología se llama «indefensión aprendida». Tiramos la toalla, nos volvemos apáticos, pesimistas, derrotistas e impotentes.

Ante el sufrimiento, un niño llora aunque no sepa qué le pasa. Puede ser miedo, hambre, sueño, cansancio. No le preguntes por qué; posiblemente no lo sepa. Basta que observes y tu experiencia te dirá cómo reaccionar. Cuando somos adultos, la clave para enfrentar el sufrimiento es preguntarse por las raíces. ¿Quién está llamando a mi puerta y me molesta día y noche? ¿Es un sentimiento, un recuerdo, la lumbalgia, una mala digestión, una traición, un mal amor, una infidelidad, un fracaso, el futuro? La respuesta a esta pregunta requiere en primer lugar pararse, ser consciente de las causas internas o externas y aceptarlo sin más, no luchar contra ello porque puede acrecentarse. Y luego, buscar soluciones concretas. Si el problema radica en un error propio, no hay que hundirse, sino reconocerlo. La humildad es un camino hacia la paz interior.

Es difícil pero muy eficaz tratar de ser un espectador del propio sufrimiento. Utilizar el sentido del humor es muy balsámico y ayuda a despegar el ego. De igual modo, alimentar el pensamiento positivo y la sana autoestima es una estrategia muy adecuada en situaciones complicadas. «No hay mal que cien años dure» o «después de la tormenta luce el sol» son mantras útiles de pensamiento positivo. El sufrimiento se entrena y se aprende de él; puede ser una experiencia para crecer y mejorar. Hacer yoga es una decisión muy pertinente.

Ante el duelo

Según el terapeuta William Worden (2013), en situaciones de pérdida de un ser querido el duelo suele tener cuatro fases:

a. Aceptar la realidad de la pérdida, no negarla.

b. Esforzarse por superar el dolor provocado por la pérdida. En lugar de controlar las emociones o aguantar, es mejor sentir el dolor y expresarlo con palabras o con lágrimas. Es contraproducente decirle que no llore. Acudir a antidepresivos rápidamente tampoco es adecuado. Tiempo y paciencia.

c. Adaptarse a la nueva realidad (vida sin el fallecido): asumir nuevas responsabilidades, formarse una nueva identidad, crear nuevas relaciones poco a poco.

d. Seguir adelante sin mirar atrás, invertir en relaciones significativas y actividades agradables y buscar un nuevo sitio en el corazón para el fallecido.

SOLEDAD, ESA COMPAÑERA DEL ALMA

Hay una **soledad positiva**, el saber estar a solas con nosotros mismos. Es voluntaria, a veces cuesta y es dolorosa, hay que entrenarla, pero es necesaria para ser dueños de nuestro destino.

Forma parte de nuestra naturaleza sentirnos aceptados y reconocidos. Pero la libertad para ser uno mismo y para saber estar en el mundo, para evitar la dependencia del halago o del apego, suele estar acompañada de la soledad, la meditación y el silencio profundos.

La mayoría de los problemas provienen de la incapacidad de las personas para estar a solas consigo mismas

La **soledad negativa** es destructora, propia de personas que están y se sienten solas porque les gusta, porque nadie las quiere, porque son desechadas por la sociedad, porque fracasan frecuentemente, por falta de habilidades para relacionarse… El aislamiento es un problema grave en nuestra sociedad, un quedar aprisionados por la soledad no buscada, sin puntos de referencia al exterior. La falta de comunicación lleva a la negatividad e incuba toda clase de vicios: predispone al egoísmo, al egocentrismo, el resentimiento, la envidia, la depresión y la infelicidad. Todos hemos sentido alguna vez el aguijón de la soledad, como da fe mi diario:

Tiempo de creación

Soledad,
eterna visitante
de corazones inhóspitos,
viajera incansable,
compañera del alma.
Tus brazos
hacen daño y acrisolan
la profunda estima
que por mí siento.

Pozo profundo
de aguas quietas y oscuras.
Rota, mi voz
golpea tu vientre
y tus senos
hasta que,
engullida por el mar de tu silencio,
es acallada por tus rictus ondulantes
bailando a coro
y el eco sordo
de sonidos pretéritos.

La soledad es una compañera inevitable en nuestras vidas. Una oportunidad para disfrutarla, para conocernos, para poner las cosas en su sitio y reconfortarnos. Mejor es llevarse bien con ella que dar patadas contra el aguijón.

LA ALEGRÍA DE LA GRATITUD

La RAE define la gratitud como «un sentimiento de estima y reconocimiento» por algo o hacia alguien. Mostrar gratitud hace *Es de bien nacidos ser agradecidos* felices a las personas. La gratitud siempre provoca una sonrisa, hace que florezcan flores en un jardín de flores.

Oportunidades para ser agradecidos y estar alegres las tenemos siempre: por despertar cada día, por la familia, la salud, el trabajo, los amigos, las personas que nos quieren y nosotros queremos… Solo hay que tener los ojos, los oídos, la mente y el corazón abiertos.

Aunque hay sucesos externos que nos afectan y entristecen, la verdadera alegría brota del interior. Es síntoma de bienestar y felicidad. Hay personas que, por naturaleza, son más alegres que otras. Temperamento y carácter se desarrollan y se forjan a lo largo de nuestra vida. Tanto el optimismo como la alegría pueden ser aprendidos.

EL JUEGO INTERMINABLE ENTRE MENTE, EMOCIONES Y SENTIMIENTOS

La función que juega el cerebro como escáner del cuerpo y de las emociones es fundamental en el proceso de ser dueño de uno mismo. Los sentimientos intensos no se desvanecen prohibiéndolos; pierden intensidad cuando se aceptan y se los mira, a ser posible, con empatía y compresión. Esto es válido para niños y adultos. «Si las emociones se desbocan cuando interactuamos con los hijos, la pareja o con otras personas (incluidos nosotros mismos), reconocer los sentimientos que están presentes suele ser lo mejor que se puede hacer. Esto supone contener el deseo inmediato de ayudar, de sermonear, de dar lecciones o consejos» (Tal Ben-Shahar, 2011: 109).

Lo decisivo para la intervención es reconocer esta conexión y ver dónde se origina el comienzo del proceso. Y aquí muchos psicólogos, yoguis y el sentido común pueden errar. La clave es observar, indagar y luego actuar.

«A las personas que son conscientes de sus emociones en el momento que las están experimentando les resulta más fácil evaluar la situación en la que se encuentran y modular su comportamiento» (Fuster y Rojas, 2008: 86). Este es uno de los objetivos de aprender a vivir. La terapia cognitiva defiende que gran parte del daño emocional se puede evitar porque está causado por un pensamiento distorsionado e irracional (Beck, 2010). Se trata de restaurar el sentido de realismo, deshaciéndose del pensamiento distorsionado, y cambiar la conducta. Requiere práctica y puede no ser lineal. Tal Ben-Shahar (2018: 167-172) propone un método, el PRP, con estas fases:

P: DARSE PERMISO. Aceptar la emoción provocada por una visión correcta o incorrecta. Aceptar la realidad del suceso que ha generado la emoción. Ayuda el escribirla o comunicarla.

R: RECONSTRUCCCIÓN COGNITIVA. Interpretar un suceso puede revertirlo de negativo/inútil a positivo/beneficioso dependiendo, por ejemplo, de si se vive como amenaza o como desafío. Es necesario el *feedback*: ¿qué he aprendido?

P: NUEVA PERSPECTIVA MÁS AMPLIA. No hay que ahogarse en un vaso de agua. Esto no significa que no haya que evitar las emociones negativas. Si no saco buena nota en el examen, ¿disminuirán las probabilidades de que haga algo en mi vida? ¿Cómo veré esta situación dentro de un año? ¿Puedo ver la situación en un marco más general?

Una adversidad puede interpretarse siguiendo el modelo ABC (**A**dversity, **B**eliefs, **C**onsequences) de Robert Ellis. Cuando nos encontramos ante una adversidad, reaccionamos pensando en ella. Entonces nuestros pensamientos se tornan en creencias. «Estas creencias pueden convertirse en algo tan habitual que incluso ni nos damos cuenta de que las tenemos hasta que frenamos y les prestamos atención. Y no se limitan a quedarse ahí sin hacer nada; tienen sus consecuencias. Las creencias son la causa de lo que luego sentiremos y haremos. Pueden significar la diferencia entre el desaliento y la rendición, o el bienestar y la acción constructiva» (Seligman, 2004: 281).

Cerebro, corazón y sentimientos están condenados a entenderse. De lo contrario, cojearemos de una pata, de las dos o de las tres.

CAPÍTULO III

Soy Gump, Forrest Gump

En una reunión formativa de equipos directivos me presenté ante el grupo: «Soy Gump, Forrest Gump». Pasada la inicial sorpresa, el silencio y las posteriores sonrisas de los compañeros, me expliqué. Forrest se pasa la película siguiendo el consejo de su madre: «Tú corre, Forrest, corre». Así salvó su pellejo en la guerra y en otras situaciones complicadas. Al final de la película, el barbudo corre por la carretera con un montón de seguidores detrás. De pronto se para y dice: «Estoy cansado, quiero irme a casa». Dicho y hecho. La muchedumbre queda desorientada y él regresa jadeante a su casa abandonada.

Muchas veces me he visto retratado en Forrest. Como él, al comenzar a escribir estas páginas estoy cansado, me he parado y he sentido la necesidad de volver a casa, a «mi casa», a mi isla, que diría Thich. He regresado y la he encontrado desordenada, con telarañas. Pero es mi refugio y quiero ponerla bonita. Me está costando centrarme. Al fin y al cabo, estoy solo después de mucho tiempo.

Este capítulo es el más personal. En él quiero reflejar algunos tropiezos o contratiempos que he tenido en mi carrera siguiendo la estela de Forrest Gump. Posiblemente algunos lectores se sientan también reconocidos.

LA CARRERA DE UN CORREDOR SIN META

Estoy en mi pueblo, un pueblo pequeño de Salamanca. Doy un paseo por el campo en un día de frío y de nieve. Los trigos y los prados están congelados, de los canalones cuelgan carámbanos, el silencio domina la planicie, solo escucho el crac-crac de mis pisadas en el camino sembrado de blancura. Respiro hondo y exhalo despacio el aire; el vaho se eleva por encima de mi cabeza hacia el cielo encapotado. Seguro que va a seguir nevando. De regreso, me siento confortable y tranquilo. Trato de empezar a escribir, pero me cuesta. Temo que la tarea no va a ser fácil ni agradable. Por fin me aposento al calor de la chimenea. Moro, mi perro y fiel amigo, está sentado al lado.

Comienzo a repasar las notas ya aviejadas de mis diarios. Me impresiona que, página tras página, se escondan amargura, desazón, tristeza, frustración, culpa, dolor, dudas y un afán desmedido de volar, de soltar cadenas. ¿Es que no he tenido momentos felices en mi vida? ¿Por qué solo escribía cuando me sentía mal? ¿Es este el diario de un prisionero desesperanzado? ¿O será que soy muy exigente y me estoy castigando demasiado? Una ráfaga luminosa, atribuida al Picasso más campechano, me borra el sabor agrio de mi mente: «Cuando trabajo tengo que tener el mundo en contra, porque si lo tengo todo a favor entonces todo se descojona». Será eso, pienso. Será que mis musas solo dan alas a mi pluma cuando están quejumbrosas. Y me animo a seguir.

Mi sorpresa continúa ante un segundo descubrimiento. Todas las «fotos» de mi carrera salen borrosas, corridas. Seguramente se debe a que iba a una velocidad de vértigo y la cámara, mi memoria, no ha logrado captarlas con nitidez. Dejo a un lado los cuadernos, cierro los ojos y, en un zigzag, mis neuronas se ponen en movimiento. Una voz interior me susurra: «Manuel, aunque te cueste admitirlo, has sido un corredor de fondo. Te has pasado las dos terceras partes de tu vida mirando al futuro ("¿qué futuro?", pienso), apresurando tus pasos por llegar el primero y ser el mejor. Has sufrido mucho, el dolor ha sido más constante que la alegría en tu camino, no porque no tuvieses motivos para estar contento». Soy incapaz de contradecir esta voz y me siento triste. ¿Por qué? Quiero saberlo. Acudo a mi maestro Thay Doji: «Ir lento en la vida no es mejor que ir rápido, pero si vas lento ves más y mejor las cosas». Por hoy vale, no puedo seguir, necesito descansar.

Han pasado varios meses. Es primavera y estoy en Madrid. Salgo a dar un paseo por el Parque del Retiro. Me siento en un banco y veo pasar a la gente. Observo sus caras, sus gestos, sus labios, sus andares. Una pareja va tan deprisa que una pierna no logra alcanzar la otra; un grupo de chicas esbeltas y dicharacheras pasa haciendo *footing*; otros van despacito hablando, como pisando huevos; algunos se paran con sus niños a dar comida a los peces; unos jóvenes se parten de risa; dos enamorados se besan con pasión… ¿Urgencias? ¿Estilos de personalidad? ¿Gestión del tiempo? El flujo de la vida, pienso. Estoy relajado. Me ha costado, pero he decidido seguir escribiendo con mis diarios por testigos.

CÓMO SER UN PERFECCIONISTA DE ÉLITE

Pongo de nuevo el retrovisor. Mi formación fue muy cerrada, en un ambiente familiar que respiraba trabajo, sumisión y renuncia a la autonomía. Una familia honrada de agricultores, muy trabajadora y exigente en comportamientos, con un control excesivo de nuestra conducta y ausencia de caricias. Me eduqué en un internado marcado por unos principios religiosos muy rígidos, uno de cuyos pilares era el «sistema preventivo», traducido entonces, de manera reduccionista por muchos educadores, como «poner al joven en la imposibilidad de pecar». Día tras día nos inculcaban con cincel y martillo el ansia de perfección y la presencia de un Dios que todo lo veía. De este modo surgieron espontáneamente la persecución de la responsabilidad, el sentimiento de culpa y la desazón por no poder cumplir con todos mis deberes.

Cuando pude me liberé hasta donde fue posible; viajé y trabajé durante varios años en otros países, inspirando aire fresco en mis pulmones, regalando energía a mi mente y alegría a mi corazón. Años más tarde (era candidato adecuado…) me dejé arrastrar por corrientes rápidas y turbulentas como «calidad», «excelencia», «reingeniería de procesos» y «gestión del conocimiento» en el ámbito empresarial. Hice un máster en una escuela de negocios y un doctorado. Todas estas aguas bravas, unidas a la recalcitrante idea de que «la mejor manera de construir el futuro es anticiparse al mismo», me convirtieron en una persona muy centrada en la eficiencia, el cambio personal y organizacional, asumiendo proyectos y compromisos más bien ajenos que propios. Así fueron pasando los años, borracho de ideas y acciones interesantes, pero me olvidé de vivir. Hoy, mirándome al espejo, me veo sin acritud, con ternura y compasión.

Sigo con el retrovisor en mis años que ya fueron. Veo una persona con un afán y un ansia desmedidos por mejorar, un tanto cegata para disfrutar la luz del día, obsesionada y preocupada por hacer las cosas de la mejor manera posible. El futuro marcaba mis pasos. No me conformo con reconocerlo y quiero descifrarlo, quiero comprenderme. Para ello me pongo al habla con voces autorizadas. En medio de este arduo «paseo», me suaviza pensar que valorar el pasado con la experiencia y la sabiduría presentes no es justo ni objetivo. Aquí van mis hallazgos.

LA TIRANÍA DEL PERFECCIONISMO

Cuando un perfeccionista hace cumbre no disfruta de su éxito. Se ha matado para llegar, pero tampoco ha gozado del camino. Albert Camus en *El mito de Sísifo* retrata un tipo torturado, apasionado y absurdo que en cuanto llega a la cima está condenado a escalar una y otra vez la montaña con su piedra al hombro.

El perfeccionista no sabe gozar del éxito. Está dominado por la tiranía del deber, el ego, la excelencia, la impaciencia y el sentimiento de culpa

Si el perfeccionista es criticado, adopta una actitud defensiva por su incapacidad para valorar la consistencia de esa crítica y aprender de la misma. Suele ser también egocéntrico y narciso, esclavo de su imagen impecable. Rojas-Marcos (2005: 144) en *La fuerza del optimismo* denomina «la tiranía del debería» a un tipo de pensamientos negativos que minan la autoestima. «Ocurre cuando la persona piensa que está absolutamente obligada a sentir o a comportarse de forma utópica, incongruente con su personalidad, incompatible con la situación o simplemente imposible de realizar para cualquier ser humano».

La tiranía del deber perfeccionista, del «sí, pero…», va unida a la impaciencia, la duda crónica, las expectativas irracionales, el sentimiento de culpa, el pesimismo, la desmoralización o incluso el odio hacia uno mismo. El perfeccionista es una persona dependiente, caracterizada por una gran sensibilidad a la pérdida de amor y ayuda; el perfeccionismo aliado del narcisismo, o también a la autoestima, se siente atacado al recibir alguna crítica. Esta manera de pensar sobre uno mismo y los demás, esta vulnerabilidad cognitiva, se basa en creencias extremas, rígidas, imperativas, fruto de la interacción entre su predisposición genética y las experiencias vitales; por ejemplo, la influencia de personas o hechos traumáticos concretos (A. Beck y A. Freeman).

La exigencia y el perfeccionismo tienen que ver con el juicio comparativo, con los demás y con uno mismo.

Abandonar el perfeccionismo y gozar de la vida, sin caer en el conformismo, no es fácil, pero es posible

Doy fe de que no es fácil salir de esta esclavitud de los pensamientos, sentimientos y deseos perfeccionistas, la mayoría de las veces inconscientes. Para abordarlo con eficacia es necesario conocer qué esquemas o estructuras mentales, qué experiencias subyacen y cuál es el proceso de su formación. No hay recetas mágicas ni panaceas, como algunos quieren hacernos creer. En función de la persona y su situación, una intervención interdisciplinar y abierta es quizás la mejor estrategia. Va más allá de estas breves páginas ahondar en alguna solución específica: ahí están la terapia cognitivo-conductual, el psicoanálisis, el conductismo, el enfoque sistémico… y, por supuesto, la meditación, el coraje, la motivación, la ayuda y la voluntad de cambiar. Ah, y ante todo dormir bien, comer sano, descansar, viajar y tomar un café con los amigos. El perfeccionismo es un abrojo en la plantación de la felicidad.

Hoy he adoptado el axioma de que «lo mejor es enemigo de lo bueno». Sin renunciar a crecer y mejorar, no quiero flagelarme por no conseguir lo mejor o por no coronar la cima. Solo deseo aceptarme y amarme como soy, vivir cada día como un milagro gozoso porque sé que quizás mañana no existiré. Brindo por saldar una deuda conmigo mismo y con la vida.

LOS VECINOS DEL PERFECCIONISMO: ANSIEDAD, MIEDO, ESTRÉS E INCERTIDUMBRE

Miedo y ansiedad son vecinos bien avenidos con el perfeccionismo.

El **miedo** es una emoción primaria que forma parte del instinto de conservación y nos viene incrustada en nuestros genes. Ya lo visitamos en el capítulo anterior. El miedo modela nuestra personalidad y nuestros movimientos. Cuando se activa, todo nuestro cuerpo se altera y saltan los mecanismos protectores de emergencia. Si, además, nos sentimos indefensos, entonces nos acomete el pánico. Su gestión adecuada nos ayuda a enfrentarnos a los avatares peligrosos que la vida nos ofrece, desarrollando las capacidades y habilidades necesarias.

Si tienes miedo, estás vivo. Lo preocupante en la ansiedad crónica e intensa

Según Rojas, a diferencia del miedo que experimentamos ante un riesgo objetivo, la **ansiedad intensa y crónica** es un sentimiento que no tiene base sólida aunque en su origen subyazca alguna justificación. Puede surgir por recuerdos pasados o por imaginaciones futuras y acarrea un problema de adaptación, una continua y desmesurada angustia y un temor que no se corresponden con situaciones de peligro serio.

La ansiedad y el miedo excesivos y prolongados perturban el sistema hipotalámico-hipofisario-suprarrenal, que es el encargado de regular nuestro equilibrio vital. El hipotálamo regula las emociones y otros factores temporales como la temperatura del cuerpo y el apetito.

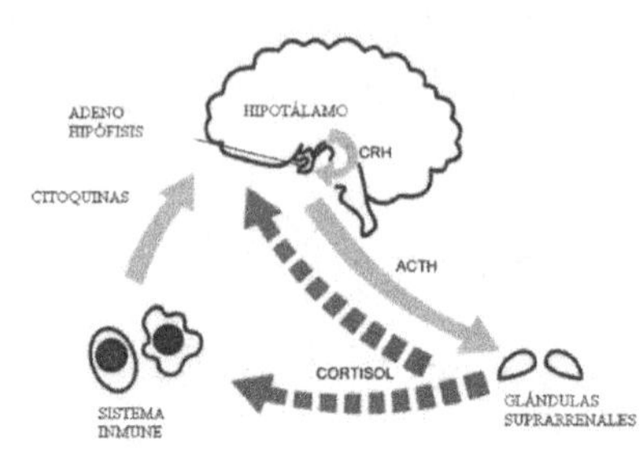

La hipófisis es la glándula encargada de estimular las glándulas suprarrenales, cuyas hormonas controlan nuestra capacidad de responder ante situaciones peligrosas.

La ansiedad grave impide evaluar objetivamente la realidad, interfiere en la dinámica de la vida cotidiana e incapacita para disfrutar de las actividades de ocio. De nuevo, Luis Rojas describe con meridiana y certera claridad a las personas ansiosas:

«Se preocupan continuamente por asuntos triviales, son irritables y casi siempre presagian lo peor. Físicamente están siempre tensas, vigilantes, cansadas y, al mismo tiempo, no pueden conciliar el sueño. A menudo se quejan de dolores de cabeza, palpitaciones, mareos, sudoración y problemas gastrointestinales. Otras veces la ansiedad se presenta en forma de fobia o temor ilógico a animales, objetos o ambientes específicos, a la oscuridad, a las alturas, a lugares cerrados, a espacios abiertos o a las aglomeraciones. Hay afligidos que sufren hipocondría y viven permanentemente angustiados, convencidos de que la menor molestia o indisposición pasajera, como un resfriado o un leve mareo, representa el principio irremediable de una enfermedad grave o incluso mortal. Los hay también que canalizan la ansiedad

a través de trastornos obsesivos-compulsivos. Estos desafortunados se sienten inmovilizados y abrumados por ideas o impulsos irracionales que asaltan su mente o por comportamientos absurdos incontrolables que se ven obligados a realizar repetidamente, como lavarse las manos durante horas. Sin duda, la ansiedad persistente o el estado continuado de alarma y temor nos transforma en personajes asustadizos y suspicaces, consume nuestra confianza y nos encierra en un mundo amenazador y opresivo. En definitiva, nos roba la felicidad» (Fuster y Rojas, 2012: 134-135).

La ansiedad crónica daña el sistema inmunológico y altera la actividad de ciertas sustancias transmisoras en el cerebro como la serotonina y la dopamina, que son las encargadas de gestionar nuestro estado de ánimo. Su déficit socava el bienestar, predisponiendo al miedo, el desaliento, la impotencia y la desesperación.

En opinión de los autores que acabo de citar, antes de emitir el diagnóstico de ansiedad es importante descartar ciertos trastornos físicos que pueden manifestarse con síntomas muy parecidos a los de la ansiedad como, por ejemplo, los problemas de tiroides, la hipoglucemia o la disminución de la cantidad de glucosa en la sangre, el vértigo debido a daños del nervio vestibular en el oído, las patologías de las glándulas suprarrenales, la abstinencia de ciertos ansiolíticos o de alcohol y algunas alteraciones del corazón como las arritmias, la insuficiencia coronaria o el prolapso de la válvula mitral.

Hijo de la ansiedad es el **estrés**, un estado de cansancio mental y desequilibrio emocional provocado por diversas causas: exigencia de un rendimiento muy superior al normal proveniente de exigencias del entorno o internas al individuo, desequilibrio entre las exigencias y las recompensas, falta de control sobre las decisiones que afectan a nuestro rendimiento, ausencia de estímulos, conciencia de la incertidumbre o inseguridad laboral, relaciones conflictivas con los compañeros…

Los perfeccionistas y ansiosos no pueden tolerar el sufrimiento de la **incertidumbre**. Es evidente que no todos estamos igualmente dotados para soportarla, depende de nuestra manera de ser y del afán de control de cada uno, pero con entrenamiento y disciplina es posible, se puede manejarla y ser más resistentes ante la adversidad o el futuro. Ver la vida con el prisma del humor y cultivar la amistad facilita la adaptación realista.

Estrés e incertidumbre, aliados del perfeccionismo

TRISTEZA Y DEPRESIÓN FUERA DE LA CASA MÍA

Hay **tristezas normales**, que son respuestas adecuadas en intensidad, duración y pertinencia a la situación que las propicia. En cambio, la **tristeza depresiva** implica una alteración mental con síntomas patentes, constantes y ostensibles para los afectados y las personas que los conocen durante un mínimo de catorce días consecutivos: atañen al estado de ánimo, desfiguran la forma de pensar (pensamientos irracionales de autodesprecio y de culpa, devaluación de la vida, ideas suicidas…), perturban el comportamiento (lentitud de movimientos, pérdida de energía) y trastocan ciertas funciones corporales como el apetito, el sueño y el sexo.

Al carecer de esperanza, los afligidos se desmoralizan, desconfían del futuro y tienden a «decir no» a las oportunidades que se les presentan, por favorables que sean.

La depresión destruye la habilidad para gratificarse de las ocupaciones y las actividades de ocio, apaga todos los escenarios que aportan alegría y momentos satisfactorios en la vida. El suicidio es la escuela más amarga de la depresión. Según un informe de la OMS (2019), 2.230 personas se suicidan cada día en el mundo, una cada cuarenta segundos.

La depresión, el peor enemigo del optimism

El peor enemigo del optimismo es la depresión. Puede manifestarse en un episodio aislado o en episodios repetidos. Cuando todos los sucesos son de carácter depresivo se la conoce con el nombre de **depresión unipolar**. El **trastorno bipolar** consiste en un estadio de depresión profunda seguido por otro de euforia exagerada sin causa objetiva. Los síntomas tienen que ver con el estado de ánimo, la forma de pensar, conductas y trastornos físicos. Si hay depresión es que antes ha habido presión del algún tipo, interna o externa. Hoy la sociedad nos dice que siempre tenemos que estar arriba… y esto no es real ni saludable. Vivimos en un mundo que nos domina: el poder, la tecnología, el trabajo, las prisas… En algunos casos se pierden las ganas de vivir y el suicidio llama a las puertas.

En ámbitos laborales, en especial en los relacionados con las intervenciones directas de ayuda como la medicina, la educación o la psicología, no es raro ver a excelentes profesionales estresados y quemados, con sentimientos de frustración y culpabilidad. Es importante tener clara la responsabilidad, los objetivos y los límites de la intervención profesional. Estos últimos llegan donde llega la voluntad del otro para cambiar.

Interactuar con personas es más delicado y complejo que tratar con máquinas o animales. A diferencia de muchas enfermedades físicas, algunos trastornos psiquiátricos son difíciles de diagnosticar por su complejidad y se prestan a interpretaciones subjetivas, imprecisas y milagrosas. Hay situaciones en las que el sufrimiento y la eficacia de la ayuda no dependen solo del buen diagnóstico y tratamiento profesional, sino de condiciones externas, del equipo de intervención, de la libertad y voluntad del mismo paciente o alumno, de su familia. El protagonista principal de la educación eficaz, del crecimiento y mejora personal, es el propio alumno, el paciente o el hijo, no los padres, el médico o el maestro. El profesional está ahí para ayudar, orientar y lograr que el interesado se implique en su propia dinámica.

Límites y limitaciones de la intervención profesional

Por desgracia, se dan también prácticas profesionales incorrectas. Una persona puede ser maestro espiritual y a la vez un mal padre; bueno como psicólogo, pero mala pareja… Hay sacerdotes y monjes budistas neuróticos. Lo que parece claro es que «si la chimenea está bloqueada, el humo saldrá por las ranuras» (Freud). Si se hacen buenas prácticas, si se diagnostica bien el problema, el humo sale por el sitio adecuado, hasta quizás sin la ayuda de monjes o terapeutas. No es suficiente una práctica espiritual o una meditación para resolver un problema. Es necesario verlo en su profundidad y enfrentarlo cara a cara con una mente abierta e intercultural. Con esto quiero hacer una llamada de atención ante las soluciones sencillas y de moda.

Como ya vimos con el divorcio, romper una relación en la que floreció y se marchitó el amor puede suponer un trance espinoso, angustiante y arriesgado, fuente de estrés y malestares múltiples. El resentimiento de los divorciados suele tardar años en desaparecer. La mayoría logra reconstruir su vida y establecer nuevas relaciones gratificantes. La decisión de ruptura supone coraje, en muchos casos dejar la vida segura y tranquila, un grito para construir una nueva vida afectiva y dichosa. Al final hay que perdonar, pasar página y abrir un nuevo capítulo en nuestra historia. Todos tenemos una capacidad extraordinaria de adaptación y recuperación y puede ser una excelente oportunidad para ser uno mismo.

Un caso de maltrato infantil

Este es un caso real, un ejemplo de cómo puede influir el contexto en la vida infeliz de una persona. Su nombre de pila era Agustín, pero todos le llamábamos Tinín. Era pequeñajo, escuálido para su edad, de piel curtida, dura y muy morena, cara redonda y nariz afilada. Vestía unos pantalones atados con una cuerda, tan grandes que parecían fardeles donde cabían dos como él. De pelo ensortijado con pelambres, olía a vaca de establo. Cuando alguien se le acercaba levantaba el brazo derecho en ángulo recto, tapándose la cara, y daba un paso atrás. En casa recibía cada día mantas de palos, puntapiés de sus hermanos y palabras insultantes («enano de mierda», «no vales para nada», «malnacido»); en la escuela todos los días recibía «leña» del maestro, que en aquellos tiempos era un dios. Luego él la pagaba con los animales: perro o gato que asomaba salía tullido por una pedrada, un palo o un puntapié; así que, como no son tontos, en cuanto lo veían o lo olían salían corriendo o aullando como alma que lleva el diablo… Entonces Tinín se reía a carcajadas, mostrando sus cuatro dientes medio podridos. Los muchachos mayores de la escuela eran crueles a más no poder:

varias veces vi cómo le «cantaban los gallos», que consistía en bajarle los pantalones, pues calzoncillos no tenía, y tirarle de los testículos hasta hacerlo gritar y llorar a raudales.

Los años han pasado. Un día me lo encontré al cruzar un semáforo: «¡Hola, Tinín!». Se acercó tímido y me brindó una sonrisa. «Gracias por saludarme. Nadie lo hace», me dijo. Le di un abrazo y estuve hablando un rato sobre su vida. Está soltero, vive solo y trabaja en un programa de ayuda oficial. Me di cuenta de que era muy inteligente y lo único que le había faltado en su vida era una familia y una mano amiga.

UN ENTRENAMIENTO JUNTO A FORREST GUMP. RESOLUCIÓN EFICAZ DE PROBLEMAS

Hasta aquí he descrito, con cierta distancia, algunos obstáculos o estados negativos que he encontrado en mis diarios. Forrest Gump se entrenaba y siempre estaba dispuesto para correr su carrera con éxito. Sirviéndome de esta metáfora, es el momento de adelantar algunas sencillas ideas para sortear estos problemas descritos y mantenerse en forma. Lo más importante es el deseo y la voluntad de cambiar, de superación.

El modo de percibir la realidad es decisivo para encontrar la paz

La manera de afrontar las alteraciones de la salud refleja el carácter de las personas y el contexto cultural del entorno. Hay personas que las llevan mejor, otras peor y hasta pueden fingir signos físicos o psicológicos con el fin de asumir el papel de enfermos y recabar atención, eludir responsabilidades, obtener algún beneficio, disculpar sus comportamientos indebidos, etc. He aquí algunos significados (Valentín y Rojas, 2017: 118 ss.) de las situaciones adversas:

- Una oportunidad valiosa para alimentar la espiritualidad, expandir el mundo interior, expresar la creatividad. Ejemplos los tenemos en Beethoven, Bach, Proust…
- Castigo injusto de Dios o de la vida.
- Castigo justo que propicia sentimientos de culpa y que hay que expiar.
- Daño a la propia imagen pública. En este caso, tratan de esconder su situación.
- Enemigo al que hay que combatir. Nace la indignación, se pierden la paciencia y la razón y se expande la agresividad.
- Resultado de una debilidad, error o defecto personal con implicaciones morales negativas imperdonables. Aquí surgen la vergüenza, el aislamiento, la simulación.
- Un reto inevitable que hay que aceptar y afrontar con decisión, resignación y coraje. Es necesario para hacernos más fuertes y desarrollar el carácter. «Todo lo que no me mata me hace más fuerte» (Nietzsche).

La realidad es que el dolor es incompatible con el bienestar. Muchos médicos se resisten a paliarlo porque no se meten en la piel de los sentimientos de los pacientes y menosprecian sus experiencias personales.

LA FORTALEZA EN LA ADVERSIDAD PUEDE APRENDERSE

La **resiliencia** es la capacidad para resistir y superar las adversidades. Es muy personal; depende de muchos factores, individuales y adquiridos. Lo contrario es la indefensión. Puede aprenderse siempre que se tome conciencia de los sucesos, se les dé sentido y se ejercite la capacidad de aguante, que en los seres humanos es ilimitada.

Hay personas expertas en «echar balones fuera», que «delegan» la responsabilidad de su salud al médico, al psicólogo o a las pastillas. Se autodestruyen a sí mismas, solo reaccionan tarde, cuando ven las orejas al lobo. Ejemplos cercanos los tenemos en el tabaquismo, el alcoholismo, el sedentarismo, la obesidad…

Si estar en forma ante una prueba atlética solo se consigue mediante el entrenamiento constante, la resiliencia solo se logra afrontando, a veces con ayuda, los vaivenes y dificultades de la vida. Esto se aprende desde los primeros años mediante la prevención y dando parcela al autodominio. La prevención da resultados a largo plazo, requiere constancia y determinación, muy en contra de la cultura actual, presentista e inmediatista. La desprotección y la sobreprotección son, seguramente, las enemigas más feroces de la fortaleza y la autonomía. Ambas conducen a la baja autoestima y corroen las defensas psicológicas, físicas y emocionales de las personas.

CAMBIAR, MOVERSE, SÍ, PERO ¿HACIA DÓNDE?

Lo que distingue a los humanos es su capacidad de transformación. ¿Pero hacia dónde dirigir los pasos? Alicia y el gato dialogan así en el cuento de Lewis Carroll:

—Por favor, ¿podrías decirme el camino que he de tomar?
—Depende a dónde quieras ir.
—Me da igual.
—Entonces no importa el camino.

Moverse o no moverse no es lo más importante ni lo definitivo. Depende de cómo te observes a ti mismo, de tus capacidades, tus gustos y dónde quieras ir. Ello implica ser consciente de la propia situación, reconvertirla y encauzarla por el camino adecuado. A veces supone ir en contra de los instintos naturales como el placer sexual, desechar lo agradable o aceptar lo desagradable. Esta transformación consciente nos permite ser creadores de nosotros mismos mediante un deseo, una palabra.

Una vez escuché que la mejor manera de ser feliz es eliminando tus deseos. No estoy de acuerdo; al contrario, creo que quien no desea, quien no sueña, quien carece de entusiasmo, está muerto. Ser capaces de desear significa estar vivos. La clave es encauzar los deseos por el camino adecuado.

¿CUÁNTO DURARÁ EL CAMBIO?

El proceso de cambio depende de la situación y de la persona, pero, en general, los cambios intensos e importantes se consolidan poco a poco.

Carl Rogers (2009) valora el progreso de una terapia cuando el cliente percibe que es un proceso fluido, no un estado fijo y sólido. Las buenas intenciones pueden quedarse en aguas de borrajas o incluso llevar a la frustración cuando, llevados por la impaciencia o la falta de voluntad, queremos conseguir todo en un momento. Es muy importante trazar un plan con miras elevadas, pero ejecutado pasito a pasito, de manera que los logros sean vivibles y palpables. Esto produce satisfacción, nos gratifica sobremanera, nos motiva y refuerza para seguir caminando en la dirección prevista. Siguiendo el lenguaje del cuerpo, es más eficaz adelgazar de forma organizada y lenta que quitarse diez quilos en un mes. Volverás a cogerlos a la vuelta de la esquina.

ESTRATEGIAS Y TÉCNICAS DE ENTRENAMIENTO Y AFRONTAMIENTO

A continuación me atrevo a exponer, de manera general, algunas estrategias y técnicas para afrontar los obstáculos que nos presenta la vida para correr junto a Forrest Gump. Pueden ajustarse en función de cada persona y de la situación o problema concretos. Otras se desarrollarán en el capítulo siguiente.

- **Conocerse y aceptarse**. «Cuando me acepto activamente tal como soy, entonces puedo cambiar» (C.

Rogers). Reconozco haberme postrado ante banalidades, pero no debo juzgarme y menos censurarme, sino aceptar la realidad como ha sido y con atención plena, con observación. Eso basta para iniciar el cambio y exige una mirada profunda: «La atención es la madre de todas la virtudes» (Simone Weil).

- **Hablar**. Para capear el temporal de la depresión, la ansiedad, el temor y el desasosiego es prioritario y muy eficaz verbalizar lo que a uno le aflige. La estrategia de «a callar, a callar», como dice mi madre, corroe el cerebro, el corazón y paraliza el movimiento. Contar con un amigo, con una mascota, dialogar en tertulias, consultar a un buen experto nos alivia y nos ayuda a descubrir quién ronda en nuestra cabeza y por qué se ha metido ahí. Hablar es un método sencillo y saludable gracias al cual ningún ser humano es una isla.

- **Reconocer y expresar los pensamientos no deseados es más efectivo que luchar contra ellos**, afirman autores reconocidos como Wenzlaff y Wegner (2000) y Tal Ben-Shahar (2011). El intento de suprimir activamente un pensamiento, de combatirlo, lo mantiene vivo e intenso.

- Viktor Frankl propuso la técnica de las **intenciones paradójicas** como método para superar la ansiedad y disminuir la resistencia al cambio. Se trata de hacer o desear, de manera controlada por una persona de apoyo, que ocurra aquello que precisamente se teme. Puede ser doloroso y complicado, pero he comprobado sus efectos positivos en situaciones de agorafobia, miedos reales o irreales y relaciones de pareja. Evidentemente, hay problemas, como el abuso o el maltrato, en los que no es pertinente ni posible aplicarla. En el fondo se trata de interiorizar esa situación de sufrimiento y darle menos relevancia a los factores externos. Una tarea de reestructuración cognitiva y emocional.

- **Cultivar el pensamiento positivo**. Puesto que la relación entre sentimientos y pensamientos es muy estrecha, es posible fomentar a la vez los estados positivos de ánimo y modular los pensamientos. Dice un pesimista: «El optimismo es peligroso porque no te deja ver la realidad». Otro del mismo bando afirma: «Un pesimista es un optimista bien informado». Contra este negativismo, me viene a la mente un libro original del que autores actuales se han aprovechado sin nombrarlo, *El arte de amargarse la vida*. Su autor, Paul Watzlawick, descubre con gran sutileza y humor las contradicciones entre pensamientos, emociones y conductas. Un libro delicioso, genial, con gran sentido del humor, sugerente y muy práctico, en vez de tantos textos de autoayuda.

- Afirma Viktor E. Frankl (2012) que «casi todos podemos conseguir ver el ayer a través de un filtro que solo deje pasar la luz de lo bueno y lo bello. Los aspirantes a la vida amarga ven únicamente lo penoso del pasado o valoran su juventud como una edad de oro perdida para siempre, lo que se convierte en una fuente inagotable de nostalgia y aflicción». Por naturaleza, unas personas son más dadas al pesimismo y otras al optimismo. Pensar

Amargarse la vida es todo un arte

y actuar como optimista-realista consiste, por una parte, en ejercitar estados de ánimo mediante estrategias dirigidas a fomentar el pensamiento positivo y a percibir la realidad; y, por otra, evaluar los esfuerzos y los resultados satisfactorios de nuestras acciones.

- **Diversificar las actividades gratificantes**, de manera que podamos flexibilizar el movimiento en función de la situación y la gratificación.
- Crear y cultivar un círculo de **amistades** firmes y sinceras.
- **Ayudar** a los demás nos hace sentir útiles y aporta felicidad.
- Cultivar el sentido del **humor** y reírse de uno mismo es un bálsamo protector y excelente calmante. De eso sabía mucho Groucho Marx: «Nunca entraría en un club que aceptase a un individuo como yo».
- Realizar con cierta disciplina y constancia la **meditación**.
- Tener excelentes relacionas con la **naturaleza**, las plantas y los animales.
- Cuidar los **detalles** de la vida cotidiana. «Dios está entre los pucheros» (Santa Teresa).
- Buscar un **trabajo** que nos estimule, nos plantee retos y nos facilite desarrollar nuestras capacidades.
- Cultivar **relaciones afectivas y familiares** sanas y gratificantes.
- **Ayuda farmacológica y terapéutica en problemas específicos importantes**. Hay problemas que necesitan apoyo farmacológico y terapéutico para su superación. En

estos casos hay que acudir a expertos. Ciertas substancias como «la marihuana, el alcohol y otras drogas, simplemente por su naturaleza química, bloquean la conciencia, producen cortocircuitos en las conexiones cerebrales que regulan las emociones y los recuerdos, convierten las experiencias reales en experiencias ilusorias y fugaces, embotan los sentimientos, dañan el juicio y entorpecen la habilidad de separar lo esencial de lo superfluo. Al evocar con rapidez un estado emocional placentero, aunque transitorio, estas drogas se convierten fácilmente en un hábito de escape» (Fuster y Rojas, o. c., p. 86). En pocas palabras, nos hacen dependientes, esclavos, anulan nuestra libertad.

- **Fomentar la autoestima y el autodominio** disminuye el estrés y la ansiedad. Esa transformación no puede ni debe ser brusca, sino un proceso paulatino y constante que necesita la monitorización. Todos sabemos lo importante que es nuestra imagen y el juicio de los demás. Tiene que ver con nuestra necesidad de autoestima y de sentirnos bien con nosotros mismos.

AUTOESTIMA = ÉXITO-LOGROS /
ASPIRACIONES-EXPECTATIVAS

LA PLEGARIA DEL SABIO

Este capítulo comenzó con un guiño a Forrest Gump como excusa para traer a colación las contrariedades de una persona perfeccionista, ansiosa, muy activa y preocupada por el futuro. También se han introducido otros problemas comunes e importantes como la depresión, el miedo y el estrés y algunas estrategias de afrontamiento.

Tan importante es reconocer el problema como el deseo y el coraje para cambiar. Un sano realismo de la situación y de las expectativas de cambio es un buen comienzo. La plegaria de la serenidad, atribuida a Reinhold Niebuhr, me parece muy adecuada:

Señor, concédeme serenidad y paciencia para aceptar
todo aquello que no puedo cambiar,
fortaleza y coraje para cambiar lo que soy capaz de cambiar
y sabiduría para entender la diferencia.

CAPÍTULO IV

Aprendiendo a ser feliz

*«La tarea más importante del ser humano es vivir
de manera digna y satisfactoria su propia vida».*

En el capítulo I se resaltaron aspectos críticos de la sociedad actual, en especial el abandono del pensamiento y la gran falla entre los que piensan y los que no. En el capítulo II los protagonistas fueron las emociones y los sentimientos. Cerebro y corazón están condenados a entenderse. En el capítulo III Forrest Gump fue el pretexto para describir y analizar situaciones complicadas en el acontecer diario de algunas personas.

Enlazando con lo ya expresado, en las páginas siguientes se propone, con cierta osadía y reservas, desarrollar una metáfora: diseñar el árbol de una vida plena y dichosa, sus semillas, sus raíces y ramas principales. «Echar raíces quizás sea la necesidad más importante y olvidada del alma humana» (S. Weil). Este capítulo es quizás la parte más idiosincrática del texto. Cada persona es un ser único e irrepetible. ¿En qué consiste la felicidad? ¿Cómo ser feliz y no morir en el intento, uniendo razón, corazón, cuerpo y conciencia?

BREVE HISTORIA DE UN RELOJ IRLANDÉS

El verano pasado estuve unos meses en Irlanda. Recomiendo visitar la antigua prisión de Kilmainham (Kilmainham Gaol), inaugurada en 1796 y cerrada en 1924. Un lugar muy vivo en la memoria del sufrido pueblo irlandés, que luchó por su independencia durante más de cien años. Fue para mí tan interesante conocer la historia de Irlanda escrita en sus muros como la transformación del edificio y la evolución de las condiciones de vida en la cárcel. Ya al salir, en la tienda de regalos, atrajo mi atención el objeto  representado en la imagen adjunta, un reloj en el que aparece impreso un árbol con esta inscripción: «THE TREE OF LIFE». Me gustó y me hice con él.

El Árbol de la Vida es un símbolo arraigado en muchas tradiciones y culturas con significados varios. Los celtas le atribuían sabiduría, longevidad, fuerza y renacimiento. Todavía puede encontrarse en medio del campo irlandés representado en un roble solitario. Sus ramas se elevan hacia el cielo y las raíces se adentran en el suelo, una figuración del vínculo entre el cielo y la tierra.

Es un reloj de bolsillo, bonito, tiene cadena, estilo felices años veinte del siglo pasado. Lo llevo siempre conmigo. El árbol también significa para mí la unión entre la mente, el corazón, el cuerpo y la conciencia. Sus raíces me sugieren las bases que sustentan mi vida. Como es mecánico, todos los días le doy cuerda al levantarme. Esto me recuerda que tengo un día más para gozar, para aprovechar cada minuto y para dar gracias a la vida. Cuando algún pensamiento o emoción se tuerce, lo agarro con fuerza y recobro energía.

¿SE PUEDE APRENDER A SER FELIZ?

La felicidad es un concepto, como ente real no existe. Solo existen personas felices o infelices. Aldous Huxley describe en *Un mundo feliz* un futuro en el que el dolor emocional es erradicado mediante una droga llamada «soma», una situación inverosímil. No conozco a nadie que sea completa y permanentemente feliz, si por felicidad se entiende la ausencia total y permanente de emociones, pensamientos o dolencias corporales negativos. Yo prefiero hablar de «satisfacción», aunque utilizaré ambos conceptos de manera unívoca.

Nadie es completa y permanentemente feliz, pero es posible ser dichoso aun en medio de la dificultades

En los últimos lustros ha tenido gran desarrollo la llamada psicología positiva, en contrapartida a la psicología tradicional centrada en problemas. Esta nueva corriente trata de conocer e impulsar las condiciones personales y contextuales que favorecen el bienestar y el crecimiento pleno. Eso está bien, aunque en mi opinión se ha magnificado la búsqueda del placer, restando lugar al dolor natural. Se ha creado una cultura obsesionada por la búsqueda del deleite intenso, perfecto y al instante. Es como pensar que solo hay sol y negar las nubes. La prescripción fácil de medicamentos y las intervenciones interesadas pero no profesionales han aumentado esta tendencia.

Evidentemente, el entorno nos condiciona y hasta puede determinarnos, pero no siempre. Gandhi, Mandela, Jesús o Teresa de Calcuta vivieron en situaciones muy difíciles y dolorosas, pero fueron felices y se sintieron realizados. Todos parecían estar de acuerdo en que la felicidad o el sufrimiento no pueden depender solo de los acontecimientos, sino de nuestra percepción y reacción ante ellos.

La respuesta a la pregunta sobre la relación entre clase social y grado de satisfacción tiene un componente muy subjetivo, en el que intervienen factores como la cognición y las emociones. Es obvio que la cobertura de necesidades básicas ayuda al bienestar, pero en muchos casos no es suficiente. En mis andares he podido comprobar que el dinero y un buen trabajo ayudan, pero no garantizan la felicidad. Más importante es gozar de buena salud, un regalo que no es patrimonio de nadie. En tono humorístico, Pablo d'Ors (2016: 76) en su novela *El estreno* pone en boca de Milan Kundera estas palabras:

«La enfermedad no es justa porque ataca siempre a los grandes. […] Todos los hombres grandes están a menudo muy enfermos, enfermos casi por principio y por sistema. Los pequeños hombres, en cambio, los insignificantes, los que realmente daría igual que no existieran, gozan, casi siempre, de una insultante salud. No se ponen enfermos jamás. Viven en la inconsciencia del dolor, en la inconsciencia de la vida y, encima, se permiten sermonear a los grandes hombres con frases como estas: "¿Qué haces tomando medicinas? ¡No tomes tantas medicinas, hombre! Yo no tomo ninguna. No recuerdo la última vez que tomé una medicina". El hombre grande, humillado entonces por esas palabras y por su enfermedad, se hace pequeño,

mientras que el hombre diminuto, en cambio, el sano, se crece lleno de satisfacción».

Dos eminentes hombres de nuestro tiempo, cada uno es su campo, V. Fuster y J. L. Sampedro, están de acuerdo en que la felicidad puede aprenderse siempre que se den unas **condiciones**:

- Control y estabilidad de la razón y las emociones.
- Invertir en tu propio talento. Requiere preguntarse, escuchar a los amigos y conocer lo que nos gusta.
- Ética del deber o la responsabilidad.
- Aportación social.

En el capítulo anterior se presentaron algunos enemigos poderosos del bienestar. Ahora expondré algunas sugerencias muy personales, nacidas de la experiencia y la reflexión, para sembrar y cultivar el árbol de la felicidad.

LAS RAÍCES DEL ÁRBOL DE LA FELICIDAD

Un día le preguntó Mishna a su maestro: «¿Por qué las personas no son felices?». El maestro le miró a los ojos *No serás feliz si renuncias a tus raícest* y le respondió: «No puedes ser feliz si cortas o renuncias a tus raíces. Un árbol sin raíces no es árbol, es un palo seco sin vida. Tus raíces son la biología, la formación, los maestros, la cultura, la religión, la geografía. Sobre ellas construirás el tronco de tu vida, las ramas, las hojas y los frutos. Es decir, solo podrás ser tú mismo, y solo siendo uno mismo puedes ser feliz. Lo demás es lo de menos. Puede ayudarte o entorpecerte».

CONÓCETE PARA SER QUIEN ERES

¿Y yo quién soy? Sé mi número de pie, mi DNI, me gusta bailar y la música, tomar un café con los amigos, ayudar a los demás. ¿Pero mis pensamientos, creencias, emociones, actitudes, valores y comportamientos me pertenecen? ¿No serán intentos de agradar, de no defraudar, respuestas a la tendencia a ser halagado, a ser amado, a evitar el temor de sentirme abandonado? ¿En qué medida me pertenezco o soy dependiente? Estas preguntas me han perseguido durante años y he descubierto que necesito estar solo para poder responderlas, para encontrarme conmigo mismo.

Moisés le preguntó a Yahvé: «¿Quién eres?». Y este respondió: «Soy el que soy» (Éxodo 3, 14). No conozco definición mejor de uno mismo. «Ser o no ser», esa es la cuestión.

La tarea de ser uno mismo ha sido siempre un reto y un deber inexcusable tanto para el mono desnudo como para el *homo* cibernético actual, un trabajo que pasa por el conocimiento propio: γνωθι σεαυτόν (conócete a ti mismo). «Eres tú quien debe decidir lo que es digno de ti, no yo. Eres tú quien te conoces a ti mismo, quien sabe cuánto vales para ti mismo y por cuánto te vendes: cada uno tiene un precio» (Epicteto, I, II, 11. *Disertaciones por Arriano*).

Este «ser» humano se plasma y se fragua en personalidades concretas, en formas de ser, de estar y de comportarse de un individuo consigo mismo y con el mundo. Sus orígenes comienzan en el seno materno y el trabajo de esculpirlas dura toda la vida. Solo siendo nosotros mismos podremos ser felices.

Dice un amigo mío que hay cuatro tipos de personas: las que nacen con estrella, las estrelladas, los «deambulantes» y los caminantes. Esta clasificación (no científica, por supuesto) responde bastante a la realidad. Los primeros saben desde su tierna infancia quiénes son y lo que quieren; son como de «piñón fijo», luchan y no se desaniman por nada. Suelen ser vocacionales, optimistas, eficaces, decididos, muy valorados en el mundo de los negocios y en las asociaciones sociales. Si algo se les pone en contra, luchan por ponerlo a su favor. Los segundos son los que parece que la vida les trata siempre mal, los «pupas», que han nacido atravesados en el mundo, que todo se les pone en contra, el trabajo y la sociedad no les favorece, son dependientes del entorno que les ha tocado vivir y siempre tienen un enemigo exterior. Los «deambulantes» están constantemente cambiando, no tienen rumbo fijo, viran a merced del sol que más caliente o del frío que más congele, cambian de opinión, de trabajo, son muy inquietos, están descontentos y son muy vulnerables. Finalmente, los cuartos son los «flexibles»: son conscientes de sus cualidades, sus defectos, sus deseos y se adaptan a las circunstancias para conseguir sus objetivos.

En el camino del conocimiento propio hay momentos exclamativos y emocionantes, de revelación, en los que encajan todas las piezas del rompecabezas. De repente todo tiene sentido: una mezcla de sorpresa, descubrimiento y resolución. Es el «¡eureka! Ahora lo entiendo».

En el capítulo II he compartido una pequeña experiencia personal que significó un antes y un después en mi

—¿Quién eres?
—¡Eureka! Soy el que soy

vida. Grandes figuras como Teresa, Pablo de Tarso, Luther King o Charles de Foucault han relatado sus «¡ajá!». En el budismo esta revelación nace durante un camino sustentado en tres joyas: el Buda (consciencia), el Dharma (comprensión y amor) y la Shanga (comunidad que apoya la práctica).

Este autodescubrimiento también se da en culturas y en grupos sociales. Nunca es tarde para ello. El esfuerzo por construir la Unión Europea está siendo un proceso dinámico por conocer y plasmar la propia identidad. Algo parecido sucede con los adolescentes, cuando van por la calle gritando palabrotas, dando golpes a las marquesinas de los autobuses y son respondones en sus casas. Sus gestos parecen querer gritar: «¡Eh, aquí estoy yo. Tenme en cuenta, sociedad!». Hay personas de setenta años que aún no han salido de la adolescencia y no lo saben. Cuando un anciano llora puede ser no tanto debido a sus dolores, sino porque se siente inservible y abandonado y lo que realmente desea y necesita es un poco de cariño y presencia. Es importante «leer» la vida cotidiana para darle su significado.

Para llegar a ser quien realmente eres tienes que creerte de verdad que «eres». ¿Y quién eres? Pico della Mirandola (1463-1494), en la introducción a su *Discurso sobre la dignidad del hombre*, hace un retrato bellísimo del ser humano. Estas son sus palabras, puestas en boca de Dios:

«Oh Adán, no te he dado ni un lugar determinado, ni un aspecto propio, ni una prerrogativa peculiar con el fin de que poseas el lugar, el aspecto y la prerrogativa que conscientemente elijas y que de acuerdo con tu intención obtengas y conserves. La naturaleza definida de los otros seres está constreñida por las precisas leyes por

mí prescriptas. Tú, en cambio, no constreñido por estrechez alguna, te la determinarás según el arbitrio a cuyo poder te he consignado. Te he puesto en el centro del mundo para que más cómodamente observes cuanto en él existe. No te he hecho ni celeste ni terreno, ni mortal ni inmortal, con el fin de que tú, como árbitro y soberano artífice de ti mismo, te informases y plasmases en la obra que prefirieses. Podrás degenerar en los seres inferiores que son las bestias, podrás regenerarte, según tu ánimo, en las realidades superiores que son divinas. ¡Oh suma libertad de Dios Padre, oh suma y admirable suerte del hombre al cual le ha sido concedido el obtener lo que desee, ser lo que quiera!».

En fin, el conocimiento de uno mismo conduce a poder ser libremente quien debemos ser, creadores de nosotros y de nuestro destino. Una tarea tan apasionante como compleja.

QUIÉRETE MUCHO Y CULTIVA TU IMAGEN

El amor a uno mismo no es síntoma de egocentrismo, sino condición básica para ser feliz y previa para poder ayudar a los demás: «Ama a tu prójimo como a ti mismo» (Mc 12, 29-31). Quererse a uno mismo es procurar ser quien se debe ser, lo que presupone descubrir las propias cualidades y limitaciones en todos los niveles, estar atento a nuestras necesidades, aceptarnos y respetarnos simplemente por ser quienes somos.

Quien se quiere está obligado a ser consecuente con sus pensamientos, sentimientos y comportamientos. Spinoza llama *conatus* a

Quererse a uno mismo es aceptarse y ser quien debes ser

este empeño o ímpetu (intención y voluntad) por ser uno mismo, y es el origen de la virtud:

«El primerísimo fundamento de la virtud es el esfuerzo (conatum) por conservar el yo individual, y la felicidad consiste en la capacidad humana para conservar el yo» (Proposición 18 de la parte IV de Ética).

En términos biológicos actuales, este empeño consiste en el conjunto de disposiciones establecidas en los circuitos cerebrales que, una vez activadas por condiciones internas y ambientales, buscan tanto la supervivencia como el bienestar (Damasio, o. c., p. 40).

Una vez más me aplico estas ideas. Por naturaleza, soy radicalmente impaciente (lo que me genera a veces no pocos problemas), exigente conmigo mismo y con los demás. Siempre busco un más allá, porque creo que la libertad no admite conformismo. Si soy conformista pierdo mi identidad y paso a depender de lo ajeno. Admito que no hay libertad sin cadenas, que volar requiere la resistencia del aire, lanzarse y ser fiel a uno mismo por encima de lo que digan y hagan los demás. Perder miedo a la imagen, a la altura, implica riesgo y valentía. Milan Kundera lo expresa de manera magistral en el contexto de esta declaración amorosa:

«Todo depende de que el hombre sea como es, de que no se avergüence de querer lo que quiere y de desear lo que desea. La gente suele ser esclava de las ordenanzas. Alguien les ha dicho que deben ser de tal o cual manera y ellos tratan de ser así y jamás llegan a saber quiénes eran y quiénes son. Al final ya no son nadie ni nada, actúan de una forma ambigua, oscura, confusa. El hombre debe tener ante

todo el valor de ser él mismo. Desde el comienzo le he dicho, Helena, que usted me gusta y que la deseo, aunque sea una mujer casada. No lo puedo decir de otro modo y no puedo por menos de decirlo» (Kundera, 2007, p. 602).

Es evidente que la propia imagen es muy importante para la autosatisfacción ***¿Esclavo de tu imagen?*** y para la interpretación, inserción y construcción de la realidad cercana, pero ¿en qué medida los cánones de la sociedad actual favorecen la creación de nuestra propia imagen? ¿Qué perfil reclama y valora la cultura moderna?

Ya vimos en el capítulo primero que el escenario en el que vivimos está construido en gran parte sobre imágenes vacías, efímeras y ficticias, sin contenido, pero con un inmenso poder de atracción que crea dependencia (modas, emoticonos, fotos…). Lo importante es aparentar, que te digan que eres guapo/a, que gustas. Y, ante todo, consumir. Estos criterios se han incrustado firmemente como imperativo categórico para valorar lo bueno y para guiar el comportamiento. Revelan una posición excluyente, empobrecedora, egocéntrica y poco inteligente. Lo «otro», aunque no me guste, puede tener el derecho a existir y puede convenirme. Desafortunadamente, estos procederes están afectando a la construcción de la autoimagen de los niños y jóvenes, por lo que ayudarles a que aprendan a vivir tejiendo sueños y realidades es una tarea inexcusable, una inversión social rentable.

Ser quien eres es estar realizado, ser dueño de uno mismo, tener conciencia y dominio interior, un aprendizaje que dura toda una vida. Es decidir aprender a vivir cada día. Por ejemplo, cuando una persona es consciente de sus emociones y sus pensamientos en el momento en el que los experimenta puede descubrir las causas que los alimentan, cambiarlas y gestionar su comportamiento.

Ser dueño de uno mismo supone también aceptar la evidencia: es imposible cuadrar nuestra autoimagen deseada a la perfección. Cuanto más exigentes seamos o menos realistas sean nuestras metas, mayor probabilidad tendremos de sentirnos insatisfechos y frustrados. En muchos casos es necesario hacer reajustes y continuar con coraje y paciencia.

AMA Y CUIDA TU CUERPO

Más allá de las modas, hacer ejercicio físico y practicar relajación es beneficioso para nuestro bienestar corporal, mental y emocional porque estimula las endorfinas y las redes cognitivas del cerebro. Yo suelo hacer todos los días al levantarme estiramientos y meditación-relajación. Por la tarde, al menos media hora de paseo y, siempre que puedo, los fines de semana me voy a la montaña. A veces cuesta un poco, pero me gusta y me hace sentir bien. Durante dos meses fui a un gimnasio, pero me aburría; el primer día me hicieron unas pruebas sobre mis condiciones físicas. Al comentarme el experto los resultados del test mi euforia se desató: me costaba creer que mi estado físico funcional fuera quince años menor que mi edad cronológica. ¿Realidad o *marketing*? Ya en el vestidor, como es habitual, había comentarios para todos los gustos. Cuando yo compartí mis resultados, un compañero, un tanto entradito en peso, dijo: «Pues si me dicen a mí eso, no vuelvo. ¿Para qué?». Dos percepciones distintas sobre la bonanza y los resultados del ejercicio físico.

En la filosofía oriental se dice que hay tres fuentes de energía conectadas: el sexo, la respiración y el espíritu. Si estás sobrepasado de energía sexual (más de la que necesitas) se produce un desequilibrio que hay que atender: unos lo hacen mediante el deporte, otros meditando… o ayudando a los demás. La ansiedad y las preocupaciones agotan la energía del espíritu, se duerme mal, no se come, estás confundido, cuesta tomar decisiones… La respiración es clave, como veremos más adelante.

La medicina oriental lleva atendiendo la influencia del intestino en las emociones y pensamientos, algo que durante *Cuando como, como; cuando duermo, duermo* muchos años se ha olvidado en Occidente y aún hoy muchos ven con recelo.

Los últimos avances en neurobiología confirman la estrecha relación entre la mente y el cuerpo, en particular del cerebro con el intestino. La serotonina es un neurotransmisor que envía señales entre las neuronas regulando su intensidad, siendo el aparato digestivo su principal generador. Muchos la consideran la hormona de la felicidad. El profesor Michael Gershon, autor del libro *The second brain*, tras más de treinta años de investigación ha concluido que en nuestro intestino hay unos cien millones de neuronas que se conectan con nuestro cerebro; por esto se le puede llamar «segundo cerebro» (Mayers, 2019; Enders, 2015). Nuestra salud mental, psicológica, emocional y física empieza por cuidar lo que comemos y por dormir bien. Yo trato de seguir este consejo: «Cuando como, como; cuando duermo, duermo; cuando amo, amo…».

En conclusión, aunque nuestro «segundo cerebro» no piense en sentido estricto, sí siente, por lo que no deberíamos dejar pasar las sabias advertencias que de vez en cuando nos envía. Detrás de esa sensación de hinchazón, ardor, estreñimiento o diarrea puede haber más de una emoción escondida esperando a ser desenterrada.

AYUDAR A LOS DEMÁS, UNA NECESIDAD GOZOSA

Damasio (o. c., 166) acude a Spinoza tratando de entender las raíces de la sociabilidad: «El fundamento secundario de la virtud es la realidad de una estructura social y la presencia de otros seres vivos en un complejo sistema de interdependencia con nuestro propio organismo». Esta cita contiene los cimientos de un sistema de comportamiento ético, cimientos inscritos en las leyes de los pueblos que tienen su base neurobiológica, cultural y social. Lo bueno es que promueve de manera fiable y sostenida los estados de alegría propios y de los demás: no quieras para los otros lo que no quieras para ti.

Somos seres sociales antes que personas, y solo en sociedad podemos ser nosotros mismos

Muchos códigos religiosos coinciden con esta visión de Spinoza y con los hallazgos científicos actuales de la biología, la antropología, la sociología y la psicología: «Si alguno dice "yo amo a Dios" y aborrece a su hermano, es mentiroso, pues el que no ama a su hermano, a quien ha visto, ¿cómo puede amar a Dios, a quien no ha visto?» (I Jn 4, 20). La historia de la humanidad revela que nos ha ido mejor cuando nos hemos unido que cuando nos hemos odiado. La felicidad solo puede lograrse a través de un auténtico amor a uno mismo, amor a los demás y amor a la naturaleza.

Confiesa Carl Rogers que al principio de su carrea profesional se preguntaba: «¿Cómo puedo tratar, curar o cambiar a esta persona?». Pero ahora reformularía la pregunta de este modo: «¿Cómo puedo ofrecerle una relación que pueda utilizar para su crecimiento personal?». Es muy frecuente que cuando tratamos de ayudar nos pongamos dos sombreros de quita y pon. El primero es el de la **sabiduría**, con el que tratamos de informar, ilustrar, enseñar al otro… El segundo es el de los **consejos**: tenemos remedios para todo y para todos. Ambos pueden ser útiles, pero muchas veces son ineficaces y hasta contraproducentes porque no tienen en cuenta la realidad del otro. En mi opinión, el sombrero más adecuado es el de **servidor**: estoy a tu disposición; primero te escucharé, te respetaré y no te enjuiciaré. Luego quizás te haga, si me lo permites, alguna pregunta. No pretendo ser tu maestro, descubrir tu ignorancia o darte remedios mágicos porque no los tengo.

Rosenthal (1992) subraya que en el *rapport* de una relación de ayuda intervienen tres ingredientes fundamentales:

a. Atención plena al otro, lo que te dice, lo que siente…
b. Atención amable, amorosa, que respire un clima de serenidad y confianza.
c. Los gestos no verbales (un abrazo, una sonrisa) generan empatía, sincronía, conexión.

Es obligado ensalzar y agradecer que el movimiento de voluntariado, entendido como acciones de «ayuda y buena voluntad», esté muy de actualidad. Pero también hay que prevenir o erradicar su manipulación cuando se pierde el horizonte del humanismo. ¿A qué intereses o a quiénes sirven estas acciones de ayuda? ¿Estarán disfrazadas de dominación, falsa hipocresía o de moda? Suena clara y firme la voz de B. Brecht en *Para qué sirve la bondad*, una apuesta concreta por el humanismo universal:

En lugar de ser solamente bondadosos,
esforzaos por crear una situación que haga posible la bondad.
O, mejor, que la haga necesaria.
En lugar de ser libres solamente, esforzaos
por crear una situación, un territorio humano,
que a todos haga libres, incluso nos libere del amor a la libertad.
En lugar de ser solo razonables, esforzaos
por crear una situación en que la sinrazón de alguien
sea un mal negocio.

DESARROLLA TU TALENTO

En la vida caminamos apoyados en dos muletas: una es la del trabajo y otra, la del amor. Ambas necesarias, pero es difícil encontrar a alguien que las tenga totalmente equilibradas. El trabajo nos permite obtener lo necesario para vivir y crecer como personas y profesionales. A todos nos gustaría trabajar en lo que nos gusta y para lo que estamos dotados, pero esto no siempre es posible. Los más afortunados tienen la oportunidad de desarrollar sus talentos, lo que reporta gran motivación y satisfacción. Descubrir la propia vocación y habilidades es un tema muy importante, que compete a los padres, la escuela y, por supuesto, a nosotros mismos.

La muleta del amor a uno mismo y a los demás produce grandes dosis de satisfacción. Mi historia laboral se encuadra dentro de las profesiones de ayuda a los demás en diferentes contextos educativos. Educar es ser partero, abrir puertas, ver, explorar, comunicar y celebrar la vida con el otro. Aprender a tejer el traje con la tela que te viene dada; no solo transmitir, sino rumiar, provocar preguntas. Confieso que he sido feliz y he me he sentido realizado. Traigo aquí una vivencia personal de hace ya algunos años. Estoy en Acandí, una aldea colombiana en plena selva del Chocó, en el golfo de Urabá, al frente de un grupo de muchachos de la calle en un proceso de reeducación.

«Decía tener catorce años, pero seguro que no bajaba de los dieciséis. Abandonado y maltratado por su "familia", llevaba cinco años buscándose la vida y durmiendo debajo de las estrellas, de un puente o en una alcantarilla. Era de estatura media, fornido, de manos anchas, regordetas y duras como las de un picapedrero. En su cara, lisa y de color ocre, como de remolacha recién lavada, se reflejaba siempre una sonrisa abierta, franca, reflejo de un alma buena, blanca como la nieve aunque estuviésemos en la selva del Chocó, el lugar más lluvioso del mundo. Siempre me ganaba cuando echábamos un pulso; yo sudaba hasta que no podía resistir más. Entonces, cuando nuestras cabezas se juntaban, en un esfuerzo improbo por no ser vencidos, podía masticarse y sentirse un olor penetrante a mango con albahaca. Se llamaba John Jairo, pero yo solía llamarle Michucho, porque siempre venía detrás de mí mendigando una palabra, una caricia o un regaño. A él le daba igual; todo le sabía rico y siempre respondía con una sonrisa abierta en su cara de sandía madura. Una tarde nublada, de esas en las que a uno no le dan mayores ganas que echarse a dormir, le di un cómic para que se distrajese y me dejase en paz un rato.
—No sé leer —dijo.
—¿Y contar?

—*Cuento por los dedos.*

—*¿Y cuando se te acaban los dedos?*

—*Pues hago una raya en el suelo o me doy un pellizco y vuelvo a contar otra vez.*

—*¿Y no te gustaría aprender?*

—*Vale, cucho (amigo).*

—*¿Por qué no empezamos ahora?*

Dicho y hecho. A partir de aquel día, todas las tardes que tenía un rato libre nos separábamos de la manada y nos sentábamos en unas rocas debajo de una palmera. Mi paciencia y mi voluntad fueron puestas a prueba: la mollera de Michucho estaba bastante dura y reacia a dialogar con los números y especialmente con las letras.

—*A ver, ¿qué dice aquí?*

—*Emmm… I.*

—*Muy bien. ¿Y la eme con la a?*

—*Ta.*

—*No, hombre, no. Será ma. ¡Ay, Dios, qué paciencia! Mira cómo leo yo: "Mi mamá me mima".*

—*¿Y eso qué significa?*

—*Que mi mamá me quiere.*

—*Pues la mía no. Es puta…*

—*Uhmmm… Ya.*

Me dejó sin palabras, pero aquel "impasse" me llevó a cambiar de método. A partir de entonces comenzábamos la "clase" contando, alternativamente, alguna anécdota de nuestras vidas. Él tenía muchas más (la calle es un museo al aire libre); yo me las inventaba como podía. Y así se fueron sucediendo estos momentos, que terminaron por ser muy agradables. Pronto supo sumar y restar por la cuenta que le tenía: jugábamos a las cartas y el que perdía ponía una prenda, que, dependiendo del día y del almacén, consistía en cigarrillos, chuches o frutas de la selva. Cuando escaseaban, el perdedor también podía ganarse una colleja. Recuerdo el día en que por primera vez leyó una frase de seguido:

—"Todos los niños tienen derecho a la educación".

—Muy bien, muy bien, John. Ya sabes leer.

De pronto su cara resplandeció como una noche de luna llena y su sonrisa fue más grande que la inmensidad del océano que teníamos delante.

—¡Ay, qué dicha! —Respingó.

¡Todo un mundo irrumpió en su vida! Yo también sonreí mientras un nudo apretó mi garganta y un par de lágrimas tuvieron que reprimirse para no aflorar en mis mejillas».

Aquel día aprendí los rudimentos de mi trabajo: para poder enseñar, antes hay que aprender a observar y escuchar. Y sobre todo me sentí muy feliz, convencido de que había elegido la mejor profesión del mundo.

DISFRUTA DE LA BELLEZA DEL MISTERIO

Conocida es la frase «Dios no juega a los dados» que Einstein escribió a Max Born en 1926. Con estas palabras quiso dejar clara su oposición a la mecánica cuántica en tanto que teoría probabilística.

Cuando tocamos lo esencial, el núcleo duro de la existencia, es mejor callar (Wittgenstein)

Einstein nunca aceptó como definitiva una mecánica que se limita a asignar probabilidades a los sucesos. Sin embargo, muchos han utilizado la frase, interpretándola fuera de contexto, para sacar conclusiones forzadas sobre sus creencias religiosas. Dejémoslo hablar:

«El misterio es lo más hermoso que podemos sentir. Es la sensación fundamental, la cuna del arte y de la ciencia verdaderos. Quien no la conoce, quien no puede asombrarse ni maravillarse, está muerto. [...] Esta experiencia de lo misterioso (aunque mezclada de temor) ha generado también la religión. Pero la verdadera religiosidad es saber de esta Existencia impenetrable para nosotros, saber que hay manifestaciones de la Razón más profunda y de la Belleza más resplandeciente solo asequibles en su forma más elemental para el intelecto. En ese sentido, y solo en este, pertenezco a los hombres profundamente religiosos. Un Dios que recompense y castigue a seres creados por él mismo, que, en otras palabras, tenga voluntad semejante a la nuestra, me resulta imposible de imaginar. Tampoco quiero ni puedo pensar que el individuo sobreviva a su muerte corporal, que las almas débiles alimenten esos pensamientos por miedo o por un ridículo egoísmo. A mí me basta con el misterio de la eternidad de la Vida, con el presentimiento y la conciencia de la construcción prodigiosa de lo existente, con la honesta aspiración de comprender hasta la mínima parte de razón que podamos discernir en la obra de la Naturaleza» (Einstein, 2005: 14).

Decía Pascal que deberíamos creer en Dios porque si Dios existe habremos acertado y si no existiese, el hecho de tener una creencia metafísica errónea no tendría consecuencias negativas en nuestras vidas. Hay quienes opinan que creer en Dios puede conllevar efectos muy negativos relacionados con la libertad, la autonomía y el compromiso con la vida. Otros piensan lo contrario. Yo siempre digo que estoy abierto, que cada día salgo a pasear a ver qué pasa por si hay sorpresas…

En mi opinión, la creencia en el más allá está alimentada por varios motivos: por la tensión del hombre a preservar su inmortalidad o infinitud, por resistirse a la caducidad del amor y por su curiosidad ante el misterio. La curiosidad del ser humano no tiene límites, pero se ve dificultada por la imposibilidad de desentrañar los porqués que le salen al encuentro. La vida en sí misma es un misterio y esconde muchas preguntas a las que no sabemos o podemos dar respuesta. ¿Qué es y cómo ha surgido el universo? ¿Qué lugar ocupa nuestro planeta en el mismo? ¿Quién soy y por qué estoy aquí? ¿La muerte es el final definitivo de todo? Si vida y muerte son solo un trecho parcial en el currículo de los seres vivos, ¿tiene sentido preguntarse por un antes y un después? Nadie ha traspasado estos umbrales para contárnoslo. ¿Tiene el universo un orden y una dirección, un alfa y un omega? Si así fuere, ¿cómo explicarlo?

A medida que la humanidad ha ido despejando algunas de estas preguntas, los «dioses» se han ido alejando o replegándose a los escondrijos de las iglesias. Una cosa es la tensión a la trascendencia, inmanente al ser humano, y otra la versión de la misma en productos religiosos culturales. ¿Llegará un día en que la ciencia y el pensamiento las despejarán totalmente?

«El que habla consigo mismo espera hablar con Dios un día» (A. Machado). El diálogo con la vida y con el yo interior pide no solo racionalidad, sino también espiritualidad. El conjunto de ambas es la sabiduría.

¿RELIGIONES SIN ESPÍRITU?

Retomando su discurso, Einstein describía su propio «sentimiento religioso» como «una forma de estupefacción extasiada ante la armonía de la ley natural, que revela una inteligencia de tal superioridad que, comparados con ella, todo el pensamiento y actuación sistemáticos de los seres humanos son absolutamente insignificantes»; un sentimiento como «… una especie de alegría y asombro embriagados ante la belleza y la grandeza de este mundo, del que el hombre apenas puede formarse una ligera idea. Esta alegría es el sentimiento de que la verdadera investigación científica obtiene su sustento espiritual, pero que también parece encontrar expresión en el canto de los pájaros».

Ser religioso es estar abierto a la vida, a la sorpresa, al misterio. Es aceptar que la razón no tiene razones para todo

Haciendo mías estas palabras, me considero profundamente religioso. Me eduqué en la religión católica. Durante muchos años no he practicado, dedicándome a trabajar, a correr de un lado para otro, a ayudar. Últimamente estoy regresando a las fuentes, observando la armonía y belleza del mundo y mi posición en él. Tengo un diálogo con un SER en el que confío; siento que está ahí, que me acompaña y me ayuda, pero que también me respeta y me da total autonomía. ¿Por qué? Quizás mi curiosidad y mi ansia de aprender me han puesto en contacto con la naturaleza, el silencio y la meditación. Ellas me han llevado a escuchar la palabra encarnada en textos religiosos como la Biblia, a observar, aceptar y padecer el sufrimiento del ser humano. También el amor y el desamor han hecho su trabajo.

Ser ateo no tiene por qué estar reñido con las prácticas religiosas. Ante todo, debe imperar un respeto mutuo. La historia de las religiones debería formar parte de los currículos formativos porque en su memoria esconden la evolución del pensamiento humano, códigos de conducta y creencias de los ancestros que dan luz a nuestro presente. Una cosa es tener un espíritu religioso y otra estar afiliado y practicar una religión concreta. Una religión es una traducción en símbolos, ritos, códigos y prácticas de un sentimiento, un mensaje y unas creencias en un ser (o seres) superior. «Ser religioso consiste en haber encontrado una respuesta a la pregunta: ¿cuál es el sentido de la vida?» (Einstein, 1950). «Creer en Dios es comprobar que la vida tiene un sentido» (Wittgenstein, 1960). Según estas palabras, ambos eran religiosos aunque no estuvieran apuntados a un credo concreto.

Todas las religiones, como las artes y las ciencias, son ramas del mismo árbol. Son frutos de aspiraciones nacidas del misterio de la vida y encaminadas a ennoblecer la vida del ser humano para separarlo de la esfera de la mera existencia física.

Cuando un mensaje religioso se traduce en preceptos morales tiene el peligro de perder su vigor y su frescura original en pro de fines ocultos e incluso contradictorios a la misma bondad y radicalidad del mensaje. Un credo o una práctica religiosa sin espíritu primigenio es banal o mortal. Por ejemplo, a lo largo de su historia distintas versiones religiosas han hecho mucho daño, inculcando que este mundo es un valle de lágrimas, cargándonos de culpabilidades e inventando herramientas eficaces para controlar cuerpos y almas.

Un mensaje «religioso» original, traducido y encarnado en pensamientos y códigos de conducta, puede cercenar la mente, propiciar miedos y dependencia, en vez de ser aliado de la libertad. Cualquier forma de dependencia es mala, sea de las drogas, del idealismo, de la ambición, del dinero, del sexo, de la persona que decimos amar, del líder o de la religión.

¿TE HAS PREGUNTADO POR QUÉ Y PARA QUÉ VIVES?

Viktor Frankl, neurólogo, psiquiatra y filósofo austríaco, fundador de la logoterapia y el análisis existencial, que padeció varios años en los campos de concentración nazis y autor del libro *El hombre en busca de sentido*, afirma que el interés principal del hombre no es tanto encontrar el placer o evitar el dolor, sino encontrar el sentido a la vida:

«Hoy en día, el deseo de significado se ve frustrado a nivel mundial. Cada vez hay más gente obsesionada por un sentimiento de falta de sentido, que a menudo viene acompañado por un fuerte sentimiento de vacío o, como yo lo llamo, un vacío existencial. Se suele manifestar en forma de aburrimiento y apatía. Mientras que el aburrimiento es indicativo de una pérdida de interés por el mundo, la apatía revela una total falta de iniciativa a la hora de hacer algo en el mundo, de cambiar algún aspecto del mundo» (Viktor Frankl, 2012: 186-187).

La respuesta a la pregunta sobre lo que motiva y da significado a una vida es estrictamente personal. Es decisiva porque guía e integra nuestros pensamientos, sentimientos y acciones. Este «sentido» puede encontrarse no siempre en las mejores condiciones, sino al contrario. El significado último puede estar oculto por la ciencia, el conocimiento, la filosofía o la psicología, lo cual no obsta para que tenga derecho a existir. No podemos tener explicación y certezas para todo, ni siquiera sobre nuestros antepasados. Entonces entran en juego, por ejemplo, las creencias y la fe traducida en los distintos credos religiosos. El hecho de que un cantante en el escenario, cegado por las luces y la música, no vea ni sienta al público, no significa que la sala esté vacía.

En el cuadro siguiente se enumeran algunos mojones o **valores** para orientar el rumbo de la vida. Cada uno de ellos tiene y ha tenido defensores en la historia del pensamiento y en la vida de las personas y culturas.

Brújulas para la carrera de la vida

- SALUD, bienestar físico, emocional y mental
- La NADA, el vacío existencial
- TRABAJO, realización profesional
- Solo el PRESENTE es real
- PLACER
- BELLEZA
- BONDAD
- IMAGEN PERSONAL
- PASIÓN INÚTIL
- DINERO
- PODER
- PAZ INTERIOR
- AUTORREALIZACIÓN, ser uno mismo
- Pareja-FAMILIA
- Equilibrio entre la TRASCENDENCIA y la INMA-NENCIA
- SUFRIMIENTO, este mundo es un valle de lágrimas

- AMOR
- LIBERTAD
- AYUDA a los semejantes
- ODIO
- ÉXITO

¿Cuáles son los que gobiernan tu vida?

DE PASEO CON LA MUERTE, ESA AMIGA PEGADIZA

Buscar el sentido de la vida es tratar de encontrar un porqué a la existencia entre dos polos: el nacimiento y la muerte. Sobre el nacimiento no tenemos control; nadie nos pregunta si queremos nacer. Sobre la muerte tenemos un control relativo; podemos hacernos desaparecer voluntariamente o aceptar su llegada cuando toque. Entre las enfermedades más preocupantes están las relacionadas con el envejecimiento de las neuronas, la demencia senil y el alzhéimer. Ante la muerte hay posturas que van desde el terror hasta la aceptación armónica. Yo la he visto de cerca y confieso que, más que a la muerte, tengo miedo a la soledad, al dolor, al sufrimiento, a que mis capacidades queden reducidas.

Si se viese la muerte como un evento natural, coronación de la vida, creo que, con comprensión y compasión, la sociedad debería dotar de elementos preventivos para dar la oportunidad a las personas que voluntariamente lo demandasen de tener una muerte digna, una opción para poder gobernar los límites de la propia vida. He tenido la oportunidad de asistir al último acto en varias ocasiones y he constatado que es posible transformar el adiós en una ocasión íntima y única para intercambiar respeto, comprensión y amor, e incluso redescubrir valores y sentimientos que parecían dormidos o muertos entre los familiares.

Hace unos años, en un momento de soledad y sufrimiento, escribí estas líneas dirigidas a esta eterna compañera:

El día que yo muera
que repiquen las campanas
y nazcan un millón de niños.
Aquel día venceré la muerte,
y definitivamente seré vivo.
Apurad la copa de mi vida,
bebedme antes que el sol
agoste el mosto de mi viña;
absorbedme y gastadme:
para eso soy y estoy.
Aquel día será fértil y mi lucha
se convertirá en libertad de muchos.
Ven,
espero tu ronda cada noche;
me encontrarás en el poyo de la puerta,
ligero de equipaje.
Canto a la vida —que es muerte—
y a la muerte —que es vida—,
y esta pasión de vivir y morir
me consume y de duele
en los raigones del alma.
Algún día seré libre, SÍ,
por esto lucho, espero,
vivo y muero.

No soy partidario de prolongar la agonía artificialmente. ¿Cómo me gustaría morir? Rodeado de mis seres queridos, en paz, consciente, pero no sufriendo. «¡Qué pena tengo por dejar algo tan bello! Mis hijos, este planeta, todo lo que me queda por hacer… Errores los tuve, pero a nadie he hecho mal voluntariamente. He hecho lo que he podido».

Si fuera posible, me gustaría morir inspirando amor. Eso si fuera posible, porque creo que no hay un regalo humano más valioso en el momento más trascendental y también de mayor decrepitud física e impotencia, de mayor soledad, que dar y recibir amor (Paul Auster, 2012: 122-123).

CAPÍTULO V

Párate y esculpe tu figura

«La atención es la madre de todas las virtudes».

Simone Weil

Este capítulo es continuación del anterior. Ser feliz es una tarea que requiere consciencia, determinación y coraje. Aquí se proponen acciones y herramientas para diseñar la propia imagen, cometido principal en nuestras vidas. La meditación es condición *sine qua non* para atravesar el desierto y lograr armonía con uno mismo y con la naturaleza. El lenguaje del silencio es productivo porque provee de semillas para el propio jardín: discernimiento, comportamiento correcto, entrenamiento de las alas de la libertad, alimento para soñar despiertos, atención de la familia, aprecio de la hermosura de la bondad, fomento del humor y la sonrisa…

MEDITA Y AFILA EL CINCEL PARA TALLAR TU ESCULTURA

A veces creo que antes todos éramos pecadores y acudíamos al confesor. Ahora todos somos neuróticos y vamos al psicólogo o a *mindfulness*. Y me sonrío con seriedad…

Platón y Aristóteles no eran enemigos. Podemos aprender de ambos. Platón era un perfeccionista (la perfección era el mundo de las ideas, el hiperuranio); Aristóteles se centraba más en la realidad, el mundo percibido por los sentidos. Este propuso el principio de contradicción: una cosa no puede ser y no ser al mismo tiempo, una persona es una persona, una emoción es una emoción (¡ojo con poner nombre a las cosas, porque luego las palabras crean realidades!). Dicho esto, con cautela y respeto ante los innumerables remedios «mágicos» de ayuda, me voy a centrar en la meditación como una acción adecuada en nuestro discurrir por la vida.

Desde hace tiempo se sabía que la práctica de la meditación tenía efectos positivos sobre la salud psicológica y física de las personas: favorece la concentración, disminuye el nivel de ansiedad, ayuda al discernimiento… Investigaciones recientes en universidades (California, Leiden, Georgetown…) han descubierto que las personas que practicaron la meditación de manera constante y regular durante años desarrollaron más conexiones entre las neuronas de la corteza cerebral que aquellas que no lo habían hecho. Estos hallazgos coinciden con los efectos prácticos de la meditación experimentados por expertos maestros (Jalics, 2013; Weil, 2014; D'Ors, 2019; Thich Nhat Hanh, 2018; Yongey Mingyur Rinpoché, 2016).

Practicar la atención y la plena conciencia con asiduidad aumenta la flexibilidad cognitiva, cambia las actitudes y comportamientos, impulsa la creatividad, el buen humor, la comprensión, la compasión, la autoaceptación, el éxito y la salud.

La atención es la madre de todas las virtudes (S. Weil)

QUÉ ES Y QUÉ NO ES MEDITAR

En el contexto de estas páginas, meditar no es «pensar atenta y detenidamente sobre algo» (RAE); tampoco es analizar concienzudamente un problema y su posible solución. He aquí algunas aproximaciones:

- «Meditar es observar profundamente la naturaleza de las cosas» (Thich Nhat Hanh, *Ense*ñanzas sobre el amor, p. 123).
- «La meditación es un estudio poderoso y rico para quien sabe examinarse y aplicarse con vigor. Prefiero forjar mi alma que amueblarla, pero primero prepárate para acogerte; sería una locura confiarte a ti mismo si no te sabes gobernar» (Montaigne, *Ensayos*, 2007, p. 337).
- «Es a esto a lo que precisamente llama la meditación: a no imponer a la realidad mis propias filias o fobias, a permitir que esa realidad se exprese y que pueda yo contemplarla sin las gafas de mis aversiones o afinidades» (Pablo d'Ors, *Biografía del silencio*, p. 40).
- «La meditación no consiste en detener tus pensamientos. La meditación es un proceso de reposar la mente en su estado natural, que es naturalmente abierto y consciente de los

pensamientos, las emociones y las sensaciones que surgen» (Yongey Mingyur Rinpoché, *La alegría de vivir*, p. 226).

La raíz de la meditación es la conciencia de lo que existe ahora. Puede variar el contenido. Si nos duele el cuerpo, nos martiriza un pensamiento obsesivo, nuestra conciencia se volverá ahí. En la meditación practicamos la ecuanimidad y somos testigos de lo que hay. Ser plenamente consciente es centrarse en uno mismo, observar en profundidad lo que sucede en nuestro **cuerpo** (cómo se siente, cómo evoluciona, cómo se mueven el rostro, los músculos, el corazón, los pulmones, los brazos, las piernas, la cabeza), si está tranquilo o muestra enfermedad o dolor. Es observar nuestra **mente**, qué pensamientos nos rondan, si son objetivas nuestras percepciones, si son saludables o provocan malestar. Es observar nuestros **sentimientos** y emociones (agradables, desagradables, cuándo surgen y por qué, cómo fluyen, si son fijos o puntuales…). Es tomar conciencia de nuestro **comportamiento**. Es, en fin, detectar nuestras necesidades y liberarnos del runrún, del miedo y de la marejada del sufrimiento.

En el budismo, los cuatro estados fundamentales en los que se debe concentrar la mente son amor, alegría, compasión y ecuanimidad.

El lenguaje del silencio

El primer requisito de la meditación es saber guardar silencio. El silencio es bello y la belleza impone silencio. Pero hay que saber gestionarlo para que no se convierta en un invitado molesto.

No es fácil estar en silencio con uno mismo. Cuando en la meditación silenciosa e intencionada se cuela una emoción o un pensamiento, no conviene desterrarlos sin más, urgentemente, sino aceptarlos y, a ser posible, abrazarlos. Son lo que son. En la Gestalt se habla del círculo de contacto: puedo captar una emoción, rechazarla o guardarla como fantasía. Luego la conciencia puede invitarte a controlarla verbalmente (sí/no), a emitir una conducta e integrarla en la experiencia (sí/no) o a compartirla (sí/no).

DINÁMICA Y EFECTOS DE LA MEDITACIÓN

Las prácticas meditativas son como una barca para atravesar un río. Una vez se ha cruzado, ¿tiene sentido seguir en la barca? Por mi parte, sigo remando porque mi viaje no ha concluido. No todas las prácticas son igual de efectivas; hay que utilizar las que sirvan *¿Cómo y cuándo meditar?* y no atrapen. Galileo pensaba a bordo de barcos; Einstein, en bicicleta. Puedes meditar sentado, de pie, en el autobús. Lo ideal es crear un sitio acogedor, tranquilo y sin ruidos, siempre el mismo. Lo más importante es estar presente, pues la mente nos atrapa todo y nos olvidamos de escuchar. El fin de una práctica no es matar el deseo, sino despegarse de él, no perseguirlo.

Suelo meditar todos los días. Por la mañana hago primero unos ejercicios de estiramiento combinados con la respiración. Luego dedico unos veinticinco minutos a la meditación, precedidos y finalizados con alguna oración o canción. La respiración y la recitación de algún mantra son muy importantes. También suelo «alimentarme» durante cinco minutos con alguna lectura escogida. Por la noche, hacer un crucigrama en la cama me relaja y me transporta rápidamente al mundo onírico. Antes de dormir suelo hacerme preguntas de este tipo: ¿cuáles son las cinco cosas por las que hoy debo estar agradecido? ¿Qué he hecho hoy de positivo? ¿Cuál ha sido la experiencia más agradable? Repaso la jornada y si ha habido algún traspié me digo que no pasa nada, que mañana será otro día y ya habrá tiempo de poner remedio. He comprobado que hacer este ejercicio al final del día de manera regular y consciente me relaja, duermo mejor y por la mañana me levanto con energía.

Para la dinámica de la meditación me remito a Pablo d'Ors en su exitoso libro *Biografía del silencio* y a *La casa del silencio*, de Olga Cebrián. Pero quizás el que más me ha ayudado por su practicidad, su claridad, frescura y sentido del humor es *La alegría de vivir*, de Yongey Mingyur Rinpoché. La observación profunda puede darse no solo cuando uno está sentado en su banqueta o almohadón de meditar, sino en cualquier lugar y hagas lo que hagas. Las propias observaciones, percepciones y emociones son el material a trabajar.

«En virtud de mi fe en la potencia sanadora del silencio, al principio creía que casi todo lo que no funcionaba en mí podría arreglarlo, antes o después, con las sentadas. Poco a poco fui percibiendo que las sentadas apuntaban a lo que no son sentadas y que, por ello, cualquier cosa que escuchase, observase o hiciese servía para cualificar mi meditación y, en definitiva, para robustecer mi carácter. Caminar estando atentos, por ejemplo, o lavarse los dientes estando atentos: percibir el fluir del agua, su refrescante contacto con las manos, el

modo en que cierro el grifo, el rugido de la toalla… Cada sensación, por mínima que parezca, es digna de ser explorada. La iluminación (es decir, esa luz que ocasionalmente se enciende en nuestro interior, ayudándonos a comprender la vida) se esconde en los hechos más diminutos y puede advenir en cualquier momento y por cualquier circunstancia. Vivir supone estar siempre en contacto con uno mismo, algo que solo fatiga cuando se piensa intelectualmente y al que, por contrapartida, descansa y hasta renueva cuando en efecto se lleva a cabo» (Pablo d'Ors, o. c.: 42-43).

¿Qué efectos produce la meditación?

La calidad de la meditación se verifica en la vida misma. Su práctica «formal» (sistemática, diaria, organizada…) nos ayuda a desarrollar la experiencia directa de la vacuidad, de la compasión, de la consciencia, de la sabiduría. Estas experiencias servirían para muy poco si no las llevamos a nuestra vida diaria.

Los efectos de la meditación no son sugestiones

Por esto, la práctica «informal» de la meditación (en cualquier lugar, en cualquier momento y situación, sin límite de tiempo, aunque sea un minuto…) nos permite afrontar las dificultades cotidianas y poner en su lugar al «mono loco» y al «chismorreo neuronal» (Yongey Mingyur, 2016). Solo así podremos valorar su utilidad y nuestro avance. Meditación y vida deben tender a ser lo mismo. Aún soy neófito, pero a lo largo de los tres últimos años he podido comprobar algunos de sus efectos. No son sugestión:

- Libera del miedo, de la desesperación, de la soledad y del enfado.

- Libera del apego (posesión de objetos, circunstancias y personas) y de la aversión. El apego inconsciente puede concluir en odio o aversión.
- Alivia el sufrimiento.
- «La meditación posibilita los vislumbres de lo real, fugaces pero indudables, que ocasionalmente se nos regalan: momentos en que captamos quiénes somos en realidad y para qué estamos en este mundo» (Pablo d'Ors, o. c., p. 44).
- La meditación constante proporciona tranquilidad, paz, dormimos mejor, gozamos de las maravillas de estar vivos cada día, ahuyentamos los malos pensamientos y la depresión. Nos sentimos aceptados y queridos por los demás.
- Nos ayuda a conocer las fuentes de nuestros pensamientos e inquietudes.
- Nos ayuda a aceptar la propia realidad, con sus miedos, ansias, éxitos y fracasos.
- Nos libera de falsas expectativas y nutre nuestra mente de comprensión, compasión, amor, coraje y pensamientos positivos.

Afirma el maestro Thich Nhat Hanh en su libro *Enseñanzas sobre el amor* (o. c., p. 36-37) que meditar no es solo una actividad mental, sino un ejercicio muy práctico. No se trata de recitar un mantra («me amo a mí mismo» o «amo a todos los seres»). En un primer momento nos permite observar en profundidad nuestro cuerpo, nuestros sentimientos, nuestras percepciones, formaciones mentales, nuestra conciencia; y transcurrido algún tiempo, nuestra aspiración de amor se habrá convertido en un sólido propósito. Entonces el amor inundará nuestros pensamientos, nuestras palabras y acciones, y advertiremos que nos hemos convertido en personas pacíficas, felices, con el cuerpo y el corazón serenos; que estamos a salvo, libres de cualquier daño, libres de ira, afecciones, miedo y ansiedad. Cuando practiques, observa cuánta paz, felicidad y serenidad hay en ti. Percibe si estás ansioso a causa de ciertos percances o desgracias, cuánta ira, enfado, miedo, ansiedad o preocupaciones tienes. A medida que vayas haciéndote consciente de tus sentimientos te comprenderás a ti mismo con más profundidad, te darás cuenta de que son tus miedos y la falta de paz los que contribuyen a tu infelicidad y valorarás la importancia de amarte a ti mismo y cultivar un corazón compasivo. En lugar de vivir con un generalizado temor a los percances, observa las maneras en que te estás haciendo daño constantemente a ti mismo y toma las medidas adecuadas para minimizar la enfermedad y el daño.

El grado más elevado de la meditación es la **contemplación**, al que llegan solo los más elegidos. «La vida contemplativa, la vida que tiene por objeto no el hacer, sino el ser, y no el ser solamente, sino el llegar a ser, es la que puede darnos el espíritu crítico. Los dioses viven así» (O. Wilde).

CULTIVA TU AMISTAD CON LA NATURALEZA

La voracidad, ambición y cerrazón de personas y organizaciones están matando nuestro planeta. Estamos cortando las raíces del árbol de nuestra vida. Lo he visto y padecido en mis estancias en el Amazonas y el Chocó (Colombia, Brasil, Perú), pero no hace falta ir tan lejos. La contaminación y la explotación irracional de los recursos naturales son nuestra fosa. Luego acudimos al budismo para librarnos del complejo de culpa. Ojalá la pandemia del coronavirus nos haga reflexionar, sea un antes y un después y sirva para centrarnos como seres humanos en igualdad y fraternidad con nuestros semejantes, con nuestro planeta y con el universo.

Tendría unos nueve o diez años cuando encontré una alondra en el campo. Me extrañó que no volase al verme. Al tratar de cogerla dio un salto pequeño. Me acerqué un poco más con cuidado, volteó su cabeza y se dejó coger. Tenía un ala rota. La llevé en mis manos; estaba inquieta, revoloteaba y me dio un picotazo. Luego se fue calmando, agachó su cabecita al hacerle una caricia como diciendo «gracias». Al llegar a casa la curé, la vendé como pude y la metí en una jaula. Al día siguiente empezó a comer. Así, poco a poco, fue mejorando. De pronto un día empezó a cantar, por lo que deduje que era un macho. Con el tiempo nos fue conociendo a todos los de la casa e imitaba nuestras voces. Fue una alegría comunicarse con ella.

Tengo un contrato con la montaña; nos necesitamos y nos vemos con frecuencia. Forma parte ya de mi vida porque es bella, he aprendido a escucharla y he experimentado lo que dice A. de Melo: «Cuando estás demasiado alejado de la naturaleza, tu espíritu se seca y muere, porque ha sido violentamente separado de sus raíces». Cuando paseo por y con ella me gusta retirarme unos minutos, observar el paisaje, el canto de los pájaros, el murmullo del agua, el sonido del viento, el vuelo del águila, el silencio del silencio. Entonces elevo mi mirada hacia un plano superior donde la vida y la muerte, presente y futuro se aúnan en un momento único, fugaz, un punto infinito. Entonces me siento como una partícula, íntimamente conectado al universo. Ahí mis pensamientos, problemas y preocupaciones disminuyen. Paz y serenidad.

Aquí está la voz siempre fresca de Francisco de Asís:

¡Señor, haz de mí un instrumento de tu paz!
Que allí donde haya odio, ponga yo amor;
donde haya ofensa, ponga yo perdón;
donde haya discordia, ponga yo unión;
donde haya error, ponga yo verdad;
donde haya duda, ponga yo fe;
donde haya desesperación, ponga yo esperanza;
donde haya tinieblas, ponga yo luz;
donde haya tristeza, ponga yo alegría.
¡Oh, Maestro!, que no busque yo tanto
ser consolado como consolar;
ser comprendido como comprender;
ser amado como amar.
Porque dando es como se recibe;
olvidando, como se encuentra;
perdonando, como se es perdonado;
muriendo, como se resucita a la vida eterna.

DISFRUTA DE LOS PEQUEÑOS DETALLES

El fruto de la felicidad es la alegría. Muchas veces se esconde detrás de los pequeños detalles diarios. Solo viviendo con consciencia el momento presente podremos apreciar las maravillas que nos rodean. La madurez tiene un grado, pues permite ir despacio, observando los árboles del camino, algo que los jóvenes no pueden ver porque su naturaleza les impulsa a ir corriendo por el bosque. Así pues, siempre que puedas disfruta de la vista mientras recorres el camino.

La convivencia diaria no es fácil debido a nuestra complejidad y diversidad. Una palabra amable, un guiño, un cafetito, un viaje, una mirada, una caricia, una flor, un río, una sonrisa, un silencio, una película, un baile, una canción, un chiste, una broma…, un «te quiero». Ya sé que son demasiadas palabras, querido lector, muchos detalles pequeños, sí, pero a veces nos pasan desapercibidos, cuando son la savia que nutre y protege nuestros días. Sin ellos las relaciones son arbustos, quizás en un tiempo floridos, pero que se han secado de tristeza.

Hay una escena genial en *El amor en los tiempos del cólera*, de G. Márquez, en la que el doctor Juvenal Urbino y su mujer, Fermina Daza, entran en una guerra sin cuartel que les lleva a estar cuatro meses sin hablarse. La razón es un jabón que no estaba donde el «amor domesticado» debería haberlo colocado:

«Así comían, sorteando la situación con tanta destreza que se mandaban recados con los hijos de un lado al otro de la mesa, sin que estos se dieran cuenta de que no se hablaban», hasta que en un momento de lucidez «este incidente les dio la oportunidad de evocar otros, muchos otros pleitos minúsculos de otros tantos amaneceres turbios. Unos resentimientos revolvieron los otros, reabrieron cicatrices antiguas, las volvieron heridas nuevas y ambos se asustaron con la comprobación desoladora de que en tantos años de lidia conyugal no habían hecho mucho más que pastorear rencores» (1987: 47).

Incidentes de este tipo revelan una psicología profunda de las relaciones en pareja. Quien no las ha vivido tendrá dificultad para comprenderlas.

LA BONDAD RESALTA TU HERMOSURA

Seguramente habremos oído más de una vez algo parecido: «Es buena gente, pero un poco tonto». Tener buen corazón, ser honesto, ayudar al otro no está bien visto por ciertas personas o grupos que se consideran «listillos», «espabilaos» o de un «nivel superior». Se las dan de cultos, de estar a la última, y se vanaglorian de aprovecharse de buenas voluntades. Estos comportamientos me enervan por su mal gusto, estupidez e indignidad. Somos seres sociales antes que personas y solo en sociedad podemos ser nosotros mismos.

Nulla ethica sine aesthetica, tituló Nietzsche un pequeño ensayo donde se preguntaba la relación entre la moralidad de una acción con una determinada forma de presentarse al mundo: una acción no es ética si no es a la vez estética. La sentencia también puede conjugarse en pasiva: *nulla aesthetica sine ethica*. Más allá de lo que nos digan los sentidos, lo bello debe tener el sello de respeto y amor universal, lo cual no resta espacio a la originalidad y a la diferencia, nada fácil de discernir en medios uniformadores y estrechos. *In medium virtus est*, dice San Agustín, citando a su vez a Horacio. Puede ser un buen criterio para encontrar el equilibrio entre ambos conceptos.

Hace unos meses visité la India. No pude por menos de preguntarme: ¿un palacio como el Taj Mahal rezuma belleza, bondad y justicia? ¿Puede ser bella una cárcel o la ejecución de una persona? ¿Qué sentimientos y pensamientos puede provocar un hombre crucificado a un niño pequeño que no hubiera sido catequizado o a un aborigen del Amazonas? ¿Los símbolos religiosos pueden ser bellos y pregonar valores universales?

ENGRASA TUS CADENAS, LAS NECESITAS PARA VOLAR

La libertad es una facultad para decidir de una u otra manera. También se entiende como «falta de sujeción y subordinación» (RAE). En este segundo sentido, puede afirmarse que no hay libertad sin cadenas. El pájaro y el avión no pueden volar sin resistencia del aire. Una decisión siempre comporta condicionantes; en caso contrario, no sería correcto hablar de decisión, sino de determinismo. Ser libre es una tarea que exige coraje y fidelidad a uno mismo por encima de lo que digan y hagan los demás.

Toda verdadera liberación, todo gozo de vivir y de sentir, empieza en nuestra mente. Así habló Montaigne en sus *Ensayos* a los que anhelan ser esclavos:

«Permanecer atado y sujeto por necesidad a una sola manera de ser es ser, pero no es vivir. Las almas más hermosas son aquellas que están provistas de mayor variedad y flexibilidad. […] La vida es un movimiento desigual, irregular y multiforme. Seguirse a sí mismo sin tregua y estar tan preso de las propias inclinaciones que no podamos apartarnos de ellas no es ser amigo de sí mismo, y menos aún dueño. Es ser esclavo» (2007: 1221-1222).

SI NO SUEÑAS, ESTÁS MUERTO

¿Cómo conciliar la realidad con los sueños? ¿Cómo deslindar la fantasía de la imaginación creativa? Algunos autores y filosofías dicen que los sueños nos conducen a la infelicidad. Yo respondo: «Si me quitan los sueños, dejo de ser yo mismo». Si nuestros antepasados no hubiesen soñado, aún estaríamos en las cavernas. «Si el mañana nunca va a llegar, no vale la pena vivir el hoy» (Einstein). ¿El origen del universo no fue un sueño de Dios o quizás del azar? ¿O no hubo origen? ¿Qué sería de Mandela, Teresa de Jesús, Juan Bosco, Luther King, Picasso, Beethoven, Einstein, Amancio Ortega, Quijote y Sancho sin sus sueños?

Me desagradan frases como «es lo que hay». Es cierto que hay situaciones y hechos que están ahí y tenemos que asumir, pero ¿esa aceptación sumisa esconde rendición, dependencia, superficialidad, escapismo, esclavitud, descompromiso?

Séneca sugería que antes de dormir deberíamos decirnos a nosotros mismos, alegres y contentos:

«He vivido, he recorrido el camino que me ha asignado la fortuna. Y si algún dios nos regala un mañana, recibámoslo también con júbilo, porque aquel que espera el mañana sin inquietud es plenamente feliz y dueño de sí mismo. Todo el que al acostarse se dice "he vivido" al levantarse recibe cada día un beneficio» (Epístolas a Lucilio, 12, 9).

Las personas más satisfechas son las que son ellas mismas, progresan con coraje y perseverancia: «La gota de agua no horada la piedra por su fuerza, sino por su constancia» (Ovidio).

APRENDER ES MÁS EFECTIVO QUE HACER PILATES

La vida es un continuo intercambio entre educación y aprendizaje. Tanto la una como el otro se basan en reconocer las limitaciones y grandezas del género humano, nuestra ignorancia y la oportunidad que ofrece la apertura, crecer continuamente.

Afirma Durkheim que el tipo de hombre que la educación debe plasmar no es tal como la naturaleza lo ha creado, sino como la sociedad quiere que sea. Puesto que la escala de valores cambia forzosamente con las sociedades, dicha jerarquía no ha permanecido jamás igual en dos momentos diferentes de la historia. ¿Estamos de acuerdo o discrepamos? ¿Cómo conciliar mi proyecto personal con la interacción social?

UNA PIEDRA DONDE REPOSAR TU CABEZA

Tener un hogar donde reclinar la cabeza, descansar, sentirse reconocido, apoyado y querido es muy importante para una vida satisfactoria. También se puede optar por la vida en solitario o en comunidad. Cada uno sabrá qué versión escoger. La familia como institución social, bajo sus múltiples acepciones y versiones, sigue siendo las raíces y el amarre durante nuestras vidas.

No puedo por menos de expresar algunas palabras sobre los hijos. El psicólogo Haim Ginot en su libro *Entre padres e hijos* (2005) escribe: «Mucha gente ha sido educada sin saber qué son los sentimientos. Cuando odiaba, le decían que solo era desaprobación. Cuando tenía miedo, le decían que no había nada que temer. Cuando tenía dolor, le decían que había que ser fuerte y sonreír». A los hijos hay que decirles la verdad (eso sí, adecuada a su nivel de comprensión y desarrollo), hacer de espejo de sus emociones y palabras sin distorsión. Cuando un niño experimenta emociones muy fuertes no necesita muchos razonamientos, sino ser escuchado y comprendido.

Los padres deben apreciar a sus hijos, hacerlo visible, y los niños tienen que percibir esa mirada incondicional positiva (Rogers). Es muy importante separar la persona del comportamiento, el «eres un perezoso» del «hoy no has estudiado».

«Nuestros hijos no son nuestros hijos, son los hijos y las hijas del anhelo de la vida, ansiosa por perpetuarse. Y aunque están a nuestro lado, no nos pertenecen. Podemos darles nuestro amor, pero no nuestros pensamientos, porque ellos tienen sus propios pensamientos. Podemos dominar sus cuerpos, pero no sus almas, porque sus almas habitan en la casa del futuro, cerrada incluso para nuestros sueños. Podemos esforzarnos en ser como ellos, mas no tratemos de hacerlos como nosotros, porque la vida no retrocede ni se detiene en el ayer» (Jalil Gibran, El profeta, 1923).

REGÁLATE UNA SONRISA, POR FAVOR

¿Hay algo más maravilloso que la sonrisa y las carcajadas de un niño? Los psicólogos dicen que la sonrisa es el primer organizador psíquico. ¡Lástima que dejemos de ser niños tan pronto! Los padres no dejaremos de sorprendernos de las tonterías que hemos hecho para arrancar una sonrisa de nuestros hijos pequeños, y cuando estos, por fin, reflejaban en sus caras una mueca o algo parecido a una sonrisa nos volvíamos locos de contentos.

«Regálame una sonrisa, por favor», suelo repetir con frecuencia a mis amigos, familiares y personas que están en momentos bajos. A veces cuesta regalar una sonrisa, pero los efectos son increíblemente positivos. La sonrisa y la risa son el mejor remedio terapéutico. ¿Por qué las perderemos tan fácilmente, cuando cuestan tan poco?

Nunca deberíamos dejar de reírnos de nosotros y con los otros. ¿Por qué los santos aparecen siempre serios? No se ríen nunca. ¿Por qué en la Biblia no hay escenas de humor? Hay alguna excepción. Siempre me ha cautivado don Bosco. Decía convencido que «un santo triste es un triste santo» y «nosotros hacemos consistir la santidad en estar alegres». Se atribuye a Santo Tomás Moro, hombre cabal, una hermosa oración para pedir el buen humor: «Sonríe ante la vida, da gracias cada día y la vida te sonreirá».

CAPÍTULO VI

Y la palabra nos hizo humanos

«Nombrar las cosas es lo que importa».

Picasso

151

En este breve capítulo no he podido sustraerme a la tentación de mostrar lo que para mí significa el invento humano más sublime, la PALABRA. No entro en profundidades lingüísticas; me atengo al uso que hacemos del mismo en la vida cotidiana y sus posibles beneficios en el contexto de la comunicación interpersonal.

EL LENGUAJE, UNA MEMORIA VIVA

La información obtenida mediante la percepción sensorial se almacena en la memoria y se ancla también en el lenguaje, convirtiéndose este en vehículo transmisor de la realidad aprehendida. Pero el lenguaje no es una roca inmutable, sino un código vivo de signos que evoluciona al compás de la vida. Su utilización puede crear y transformar esta misma realidad: «Nombrar las cosas es lo que importa, porque en la medida que las nombras las creas», decía Picasso.

Para distinguir una percepción correcta de la que no lo es, Descartes propuso dos condiciones: claridad y distinción. Una percepción *El lenguaje refleja y crea realidades* **clara** es aquella que «está presente y manifiesta para una mente atenta» y una percepción **distinta** es la que, «además de ser clara, es precisa y, por tanto, puede ser separada de todas las demás». Esta cualidad de **distinción** en el proceso perceptivo y, por tanto, en el uso consecuente de la palabra solo puede darse a través de unos sentidos no contaminados, de una mente abierta que analice, compare y ponga nombre a las cosas de manera metódica.

Uno puede decir lo que piensa de manera clara y bien alto, pero sus palabras pueden estar vacías de contenido; si no tienen significado, son pura palabrería. Esta situación no es rara en nuestros tiempos, cuando el verbo se viste de lo políticamente correcto: digo lo que dice la mayoría con toda claridad, me sumo a lo que gritan en los *hashtags*, expreso solo lo que la audiencia quiere escuchar para cuidar mi imagen. Es así como la palabra pierde su significado profundo de aprehensión de la realidad y también como creadora de realidades ficticias o vanas. Todos hemos sido testigos de estos hechos en los últimos años.

LA MADRE DEL *HOMO SAPIENS*

Las palabras son el más importante invento y el bien más preciado de la humanidad.

Como muchos de mi generación, a la edad de doce años recién cumplidos salí del pueblo para abrirme paso en la vida. Eran tiempos de escasez y si el hijo «prometía» los padres hacían un esfuerzo y lo enviaban interno a un colegio o a un seminario. Recuerdo que mi padre me dijo un día: «Amigos, pocos y enemigos, ninguno. Al sí, sí y al no, no. Al pan, pan y al vino, vino». A lo largo de los años he podido comprobar la sabiduría de sus palabras. En aquellos tiempos los tratos eran los tratos: un apretón de manos era suficiente.

LA PALABRA, ESPEJO DE LA REALIDAD

El lenguaje es fruto, sobre todo, de la interacción social: primero se vive y luego se habla. A pesar de los esfuerzos de la RAE por fijar, limpiar y darle esplendor, el uso real del lenguaje va siempre por delante del papel escrito, evoluciona y adquiere nuevos significados.

Pero la palabra también puede esconder o manipular intencionadamente la realidad; es lo que llamamos mentira: decir lo contrario de lo que se piensa con intención de engañar. El tiempo me ha hecho recelar de los discursos en los que de forma reiterativa el ponente suelta frases como «sinceramente», «a decir verdad», «para ser sinceros», «créame, pues le soy totalmente sincero», «dejemos las agendas ocultas», «si te soy sincero»… Este lenguaje me suena opaco, poco elegante, demagógico, que busca el congraciamiento. Como escuchante velador de su tiempo, pienso: «Si usted quiere ser sincero, diga lo que piensa sin rebufos ni rodeos y no me dé pie a desconfiar de su mensaje».

LA PALABRA, VEHÍCULO DEL PENSAMIENTO Y LAS EMOCIONES

La palabra es vehículo del pensamiento creativo, de los descubrimientos científicos y de los productos humanos, un espejo tamizado por los ojos y el cerebro humano. Con el paso de los años me he dado cuenta de que las dos funciones de la palabra (reflejo y creación de la realidad) adquieren significados muy distintos dependiendo del contexto cultural. Así, por ejemplo, los resultados de unas encuestas o de unas elecciones son interpretados de manera distinta en función del relator.

LA PALABRA CREA REALIDADES

El lenguaje también crea realidades (Wittgenstein). Los políticos, los filósofos, los líderes, los medios de comunicación lo saben muy bien. «En el principio existía la Palabra…, y sin ella no se hizo nada de cuanto existe» (Jn 1, 1-3). Jugando a ser dioses, los hombres crean, «recrean» y «destruyen» el mundo con su palabra. Para subsistir, ciertos fenómenos sociales como la drogadicción o la inadaptación deben ser nombrados, pasando de la potencialidad a la fenomenología. Cuando a un niño se le repite que es muy inteligente y muy guapo o, por el contrario, que es torpe y feo, él termina creyendo y «siendo» de tal o cual manera.

Utilizar el lenguaje sin tener en cuenta la verdad y el bien termina por dañarnos a nosotros mismos. La ignorancia y la mentira son dos formas de esclavitud muy extendidas. Aprender a pensar y a distinguir lo verdadero de lo falso, lo justo de lo injusto, es una tarea fundamental de nuestros días.

LA VANA PALABRERÍA

Me molesta sobremanera el lenguaje políticamente correcto. Está muy de moda decir: «No estoy de acuerdo contigo, pero respeto lo que dices». Hay palabras que son feas por naturaleza, no tanto por su aspecto formal, sino por lo que esconden, y otras que revelan ideas perversas que hay que combatir activamente con discursos fundamentados.

La palabra «progreso» es de las más utilizadas, especialmente en determinados sectores. Pero ¿qué esconde? Intrigado por esta cuestión, hace unos años investigué su variopinto recorrido. Descubrí que la idea había evolucionado y se había gestionado de muy distintas maneras a lo largo de la historia. ¿Qué se entiende por progreso? ¿El progreso tiene una meta? ¿Cuáles son los criterios para valorar el progreso social? ¿Cuál es su dinámica? ¿En qué medida hemos progresado? ¿Hacia dónde va la sociedad actual? ¿Existe algún límite en el progreso? ¿Se puede hablar de progreso continuo?[2]

LA PALABRA AMABLE

Una palabra amable puede cambiar la vida de una persona. Combinada con una sonrisa, es el mejor regalo de cumpleaños,

---

2   Cfr. Riesco, M. (2014). «"Progreso": Una idea controvertida en una sociedad paradójica». Revista *Educación y Futuro*, 30, 15-38.
Accesible en: https://dialnet.unirioja.es/servlet/articulo?codigo=4685041.

la mejor respuesta ante el dolor, las heridas de la vida, la incomprensión o la soledad.

LA PALABRA SE VISTE DE IMAGEN

Se ha dicho que una imagen vale más que mil palabras por su fuerza, por su lenguaje eficaz, inmediato y directo; y es cierto. Pues multiplique mil imágenes por mil y verá las palabras que una persona puede tragarse sin digerir en un corto período de tiempo.

El lenguaje icónico es muy duro, escasamente racional y cargado de emociones. Para que las imágenes sean significativas y nos ayuden tienen que estar unidas al pensamiento.

LA PALABRA SILENCIOSA

El silencio es palabra inteligente, otra forma de comunicación. El lenguaje habla por lo que dice y lo que esconde, lo que nombra y lo que deja de nombrar; puede dejarnos en evidencia más de una vez: «Por la boca muere el pez». Cuando la palabra se calla, adquiere su más hondo significado. Dos enamorados frente a frente no hablan, se miran; ante el dolor por la pérdida de una persona querida, ante una catástrofe, ante un hallazgo increíble o sorpresa, ante un espectáculo bello, sobran las palabras y se desprende la admiración, el dolor, el silencio o el famoso «¡EUREKA!». El diálogo con uno mismo en el interior de la propia «isla» es uno de los retos más necesarios.

Ante la palabra silenciosa, calla, observa y luego, si es el caso, pregunta. No juzgues ni justifiques.

LA PALABRA BELLA

«El arte no consiste en la aplicación de un canon de belleza, sino en lo que el instinto y el cerebro son capaces de concebir más allá de ese canon» (Picasso).

Cuando escucho a Beethoven o Mozart, cuando admiro a Velázquez, Goya o Miguel Ángel, cuando me paro ante el murmullo de un arroyo en la montaña, cuando me embeleso ante el canto de una alondra, entonces me sobran las palabras porque «todo es palabra vestida de belleza».

Un poema, una novela, la música, el canto, el baile, la pintura o la escultura centran y cultivan nuestros sentidos, activan la curiosidad, afilan las neuronas, dan paso a la imaginación y a la sorpresa, relajan, ahuyentan el dolor, la angustia y la desesperación. Son la salsa de la vida, un juego divertido, una luz de esperanza, una opción ideal siempre, especialmente a la hora del retiro laboral, cuando empezamos a ser dueños de nuestro tiempo. ¡Qué pena que muchos ancianos mueran de soledad y aburrimiento, cuando el arte es un compañero fiel que no tiene fecha de caducidad! Es una ocasión única para seguir siendo nosotros mismos. Picasso, Monet, Cela, Delibes, Saramago, Sinatra… seguían en forma y gozando pasados los ochenta.

LA FUERZA DE LA PALABRA VERDADERA

La palabra tiene también una dimensión ética cuando indaga la verdad, la memoriza y la difunde. La historia se encarga de acrisolar y distinguir las palabras llenas de las vanas, las mentirosas de las verdaderas. Aunque Galileo fue obligado a abjurar de la evidencia de sus hallazgos, al final parece que pudo decir: «Y sin embargo, se mueve». Más que un instrumento para alcanzar el poder, la palabra debe cumplir un servicio a la verdad y al desarrollo humano. Por esto no hay nada tan sagrado como la libre expresión de las ideas.

LA PALABRA GRACIOSA

Siempre he admirado a las personas que tienen sentido del humor, que va más allá de saber contar chistes. Dice Groucho Marx que «el humor es posiblemente una palabra; la uso constantemente. Estoy loco por ella y algún día averiguaré su significado». Nuestro gran Gila supo extraerlo de la experiencia de su propia vida trágica y transmitirlo con gestos inolvidables: «Nos fusilaron al anochecer, nos fusilaron mal».

Hay personas que no se llevan bien con el humor, sea porque no lo entienden o porque les parece falto de seriedad. Suelen ser circunspectas, controladoras, enemigas de las preguntas y amigas de la pomposidad. Les vendría muy bien viajar para ver lo variopinto de la vida, el quehacer del azar y la grandiosidad del asombro.

El chiste hablado o una viñeta son formas sutiles y eficaces de comunicación. El buen chiste mezcla «en su punto» la realidad con la fantasía, con la intención de provocar sentimientos, ideas, hilaridad, perplejidad, curiosidad… Toda sociedad necesita humor, en especial en las situaciones complicadas. El buen humorista es una persona observadora, reflexiva, creativa, un artista.

Hay un humor incrustado en la vida cotidiana, necesario para poner las cosas en su punto. Sin él, «la inteligencia no es más que un estofado de imbecilidades elevadas» (Savater, 1997: 126).

LA PALABRA SABIA

La sabiduría es solo un concepto. Existen las personas sabias, aquellas que están y saben estar en paz consigo mismas, con los demás y con el mundo. Un sabio acepta la realidad del misterio y sabe descubrir lo asombroso en la vida cotidiana; reconoce que cada día es un regalo, un milagro ante el cual se postra con admiración y agradecimiento, una oportunidad para ser uno mismo, que es lo mismo que aspirar a la felicidad. Un sabio nunca se siente solo; se sabe enlazado con la naturaleza, las personas, el aire, las nubes, las calles, hasta con los pucheros…

La humildad es una virtud propia de las personas sabias que reconocen lo que no saben. El sabio calla lo que sabe; el necio habla de lo que no sabe.

«Dios mío, dame la serenidad y la paciencia para aceptar las cosas que no se pueden cambiar, el valor y la voluntad para cambiar las que se pueden cambiar y la sabiduría para distinguir las unas de las otras».

Adaptado de Reinhold Niebuhr

PALABRA Y COMUNICACIÓN HUMANA

El lenguaje hablado o gestual es el principal vehículo de comunicación. Las técnicas de comunicación se pueden enseñar y aprender, pero el arte de saber escuchar y transmitir no. Los requisitos más importantes son la transparencia, la sinceridad y la escucha activa. No es tarea fácil, porque requiere el conocimiento de uno mismo y del mundo externo. Si tienes ganas de llorar, llora; si las tienes de reír, ríe.

Los psicólogos Joe Luft y Harry Ingham presentaron la hipótesis siguiente: el conocimiento es la base para una comunicación eficaz y para el desarrollo personal y social. Dicha hipótesis suele presentarse mediante un modelo muy conocido y utilizado: **la Ventana de Johari**.

El cuadrado del gráfico representa **nuestro YO**. El proceso de autoconocimiento, del que ya hablaba Sócrates, lleva tiempo, a veces toda una vida. Parece evidente que conocemos una parte de nuestro yo y que otra la desconocemos. Esto nos permite dividir el yo en dos sectores, el YO que conozco, y el YO no conocido. Ahora bien, nosotros no somos robinsones, vivimos

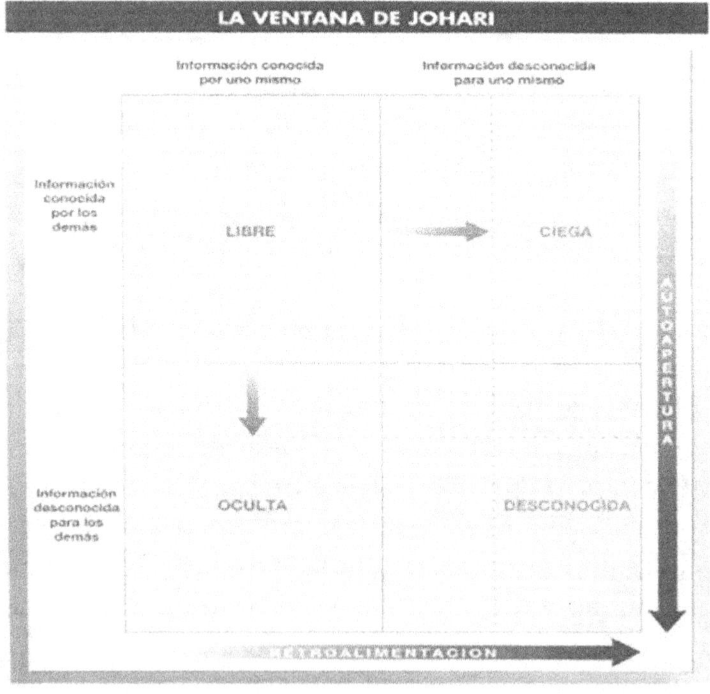

con otros. ¿Podemos admitir que las personas que nos rodean conocen una parte de nuestra personalidad, pero que otra se les escapa? Si contestamos afirmativamente, entonces ya tenemos otras dos zonas en el YO, el YO que los otros conocen y el YO que desconocen. No es ahora el momento de discutir la magnitud de ambas zonas, eso lo descubrimos al realizar un cuestionario; el dibujo solo constata su existencia.

Contamos, por tanto, con cuatro áreas del YO:

- **YO ABIERTO**: Lo que conocemos de nosotros mismos y otros también conocen; es decir, los datos más externos de nuestra realidad y la información que hemos asimilado del entorno. Las ideas también podrían ubicarse aquí, si estas se expresan libremente. La comunicación normal suele darse desde el YO ABIERTO al YO ABIERTO.

- **YO OCULTO**: Es el yo de la intimidad, lo que yo conozco y otros ignoran. Es el núcleo de mi personalidad, sobre todo de mi vida emocional, mis fracasos, equivocaciones y también mis grandes éxitos. Parece obvio que todos experimentamos una última zona, que podíamos denominar «soledad social», donde nadie entra por mucho cariño que nos una.

- **YO CIEGO**: Lo que yo no conozco, pero ellos sí conocen. Es el yo del desconcierto. ¿Es posible que los otros puedan tener datos sobre mi propia realidad que a mí se me escapan? A veces puede ser duro admitirlo, pero la experiencia nos dice que sí, y ese reconocimiento puede ser el principio de la solución de muchos problemas.

- **YO DESCONOCIDO**: Lo que ni yo ni los otros conocemos sobre mí. Es el mundo de las motivaciones desconocidas que con tanta frecuencia constatamos, incluso a la hora de tomar las decisiones más importantes. No se trata de aceptar incondicionalmente la teoría psicoanalítica; basta con aceptar una realidad simple que se nos impone.

¿Por qué no tratar de obtener datos de las dos áreas para nosotros desconocidas? Así podríamos explotar con más realismo nuestros recursos y erradicar nuestras limitaciones. Los otros pueden aportarnos unos datos subjetivos sobre el YO CIEGO, pero también pueden alumbrar el área del YO DESCONOCIDO. Los estudios y la propia experiencia evidencian que lo que aporte el psicoanálisis, como método clínico, también puede ofrecerlo una relación humana profunda. Gracias a la aceptación incondicional, nuestros semejantes pueden ofrecernos conocimiento y apoyo para que buceemos en ese mundo del subconsciente y nos adueñemos de una parte, sea grande o pequeña, del YO DESCONOCIDO.

Es pertinente salir al paso de dos **dificultades importantes**. La primera viene dada por el riesgo que proviene al abrir la intimidad, que podría llevarnos a sentir el rechazo del otro, y esto contribuiría a cerrarnos aún más. ¿Hasta qué punto conviene arriesgarse? Es cierto que en la medida en que nos abrimos el clima se torna más cálido y se asume más el riesgo al compromiso recíproco. La segunda puede surgir si interpretamos que renunciamos a nuestra libertad. Nada más ajeno a la concepción de esta teoría. No se trata de vivir dominados por el punto de vista de otros, sino de establecer en nuestra vida un circuito de información de retorno que nos facilite datos sobre el impacto que nuestro comportamiento causa en los demás, para así tomar mejor las decisiones futuras.

Siempre que he aplicado el test he constatado que las personas muestran gran interés y se sienten interpeladas por los hallazgos. También resulta muy interesante y provechoso que alguien realice el cuestionario pensando en ti.

CAPÍTULO VII

Soy dueño de mi tiempo

«Que el pasado no te quiebre,
que el futuro no te ciegue,
que el presente no te pierda.
¿Qué me queda?, te preguntas.
¡Vive! y sigue tu estela».

Cada día es un milagro, una oportunidad única para disfrutarlo, para ser felices. Pero «el tiempo vuela» como las cuentas de un rosario, sobre todo cuando uno se va haciendo mayor. Por esto es necesario gestionarlo de manera adecuada y eficiente, todo un arte.

Durante el confinamiento debido al coronavirus hemos tenido una excelente ocasión para dialogar con él y administrarlo. De manera informal he preguntado a personas allegadas. Unos se han aburrido, otros han leído, pintado, «musicaleado», conversado y querido a sus hijos y parejas, escrito diarios o cuentos. Para algunos la convivencia ha sido difícil; a otros les ha costado soportar la soledad, el silencio, la inactividad laboral… Ha habido de todo.

En este capítulo se ofrecen algunas sugerencias para administrar de manera eficaz nuestro tiempo[3].

---

3   Parte de las ideas y contenidos de este capítulo fueron expuestos por el autor en el siguiente artículo: Riesco, M. (2007). Gestión del Tiempo. Educación y Futuro, 17 (2007), 177-200.

CÓMO CONJUGAR EL TIEMPO EN SUS TIEMPOS

La Real Academia Española de la Lengua define el tiempo como «duración de las cosas sujetas a mudanza» y «oportunidad de hacer algo». Aristóteles lo entendió como el número o la medida del movimiento según un antes y un después. Si nada cambiara, no habría tiempo. «Si el mañana nunca va a llegar, no merece la pena vivir el hoy» (Einstein).

Lo que más me ha ayudado a entender mi vida es la mirada al pasado, pero para vivirla he tenido que mirar al presente y al futuro con ATENCIÓN. Mirar solo hacia atrás puede convertirnos en una estatua de sal, como sucedió a la mujer de Lot.

Lo que más me ha ayudado a entender mi vida es la mirada al pasado, pero para vivirla he tenido que mirar al presente y al futuro con ATENCIÓN

¿Qué sentido tiene revivir exclusivamente el pasado perdido? ¿Cómo conjugar el tiempo en sus tiempos? Estas cuestiones me han tensionado cuando he tratado de combinar el «principio de realidad» y el «principio del placer». Este último tiende a la satisfacción inmediata. El «principio de realidad» surge de la prevención y el miedo; tiene una mirada más amplia sobre el control de las apetencias y las amenazas con vista a las metas.

A lo largo de la historia el concepto y el control del tiempo se han entendido, gestionado y valorado de diversas maneras. En la actualidad han cobrado particular atención en la sociedad, distinguida por los cambios rápidos y permanentes y por el alto nivel de bienestar. «No tengo tiempo para nada», «el tiempo vuela», «tendré que llevarme el trabajo a casa», «nunca llego a tiempo», «¿de dónde voy a sacar el tiempo?», «siempre corriendo y siempre llegando tarde»… Frases que reflejan una tensión y un desequilibrio entre las tareas y el tiempo disponible. «*Time is money*» (B. Franklin).

El llamado «tiempo libre», hasta hace poco casi un lujo, hoy es patrimonio de casi todo el mundo como un objeto de consumo y como una oportunidad para el disfrute y el desarrollo personal.

Para no caer en el estrés y la ansiedad, disfrutar y ser eficaces es necesario planificarlo, sea en nuestro ámbito laboral o personal.

TIEMPO SUBJETIVO Y TIEMPO OBJETIVO

El **tiempo objetivo** es el tiempo cronológico; es externo, se plasma y es visible en la agenda, el calendario o el reloj. Sirve para sincronizarnos, relacionarnos, se puede comunicar, compartir, planificar, controlar y evaluar; es decir, gestionar. El taylorismo fue un ejemplo paradigmático al introducir los «principios científicos» en la organización racional del trabajo, sustituyendo el concepto del trabajador-persona por el del trabajador-tiempo. No todas las culturas perciben y se posicionan ante el tiempo de igual manera. En el ámbito empresarial o en el ámbito bélico, muchas «guerras» se han perdido por no poder gestionar la paciencia ante la «parsimonia» del contrario o las condiciones de la situación. De igual modo, muchas oportunidades se han frustrado por no saber estar en el momento oportuno: *just in time*.

El **tiempo subjetivo** se encuentra en el interior de cada persona y viene marcado por sus intereses, necesidades y expectativas, por su postura y visión de sí misma y del mundo. Es importante porque da significado a nuestras vidas. Justifica nuestra existencia, aporta criterios para distinguir lo prioritario de lo secundario, lo relevante de lo fútil; es vivido y sentido al observar el paso de los acontecimientos, las estaciones, el propio cuerpo, los sentimientos y las personas. Una película o una conferencia nos puede parecer que duran una eternidad o un soplo; a un enfermo al que le quedan tres meses de vida el tiempo le puede parecer un infierno o una oportunidad extraordinaria para aprender o disfrutar de su familia. Como pregonan los Rolling Stones en *Time on my side*, el tiempo está de nuestro lado si lo tenemos en nuestro interior. Así pues, la percepción y las consecuencias del manejo del tiempo varían según las personas. A unos les falta tiempo y viven agobiados, a otros les sobra y se aburren, otros están llenos de actividades, pero duermen tranquilos. «En mi mundo, cuando se corre, se cambia de lugar», explica Alicia en el País de las Maravillas, a lo cual la reina exclama: «¡Vuestro país es muy lento! Aquí, como ves, hay que correr lo más rápido posible para permanecer en el mismo lugar».

PRINCIPIOS BÁSICOS SOBRE ADMINISTRACIÓN DEL TIEMPO

Teóricos

- El tiempo es el que es, un recurso valioso disponible para todo el mundo.
- En la comprensión del tiempo se entremezclan realidades, engaños y fantasías.
- No todas las actividades de nuestra vida tienen igual valor.
- Las actividades que aportan poco valor consumen el 80 % del tiempo.
- Cuando surge tensión entre lo urgente y lo importante, suele ganar la urgencia.
- Hay problemas que se solucionan por sí solos con el paso del tiempo.
- Las mayores pérdidas de tiempo se dan por no pensar antes de actuar.
- No es posible controlar todas las circunstancias. Toda planificación debe contemplar un espacio para la adaptación y los imprevistos.
- Posponer decisiones puede acarrear pérdida de tiempo y oportunidades valiosas.

Prácticos

- Claridad, precisión y pertinencia son decisivos en la planificación del tiempo.
- En todo proyecto es imprescindible definir plazos y tareas.

- La prevención o anticipación aporta un gran ahorro de tiempo, energías y dinero.
- Los conflictos entre objetivos suelen resolverse estableciendo prioridades.
- Si estás interesado en ser eficiente, lo primero que tienes que hacer es conocer cómo utilizar tu tiempo.
- Tener clara la naturaleza de los objetivos (mantenimiento, crecimiento, mejora, innovación…) facilita la orientación y la eficiencia.

MITOS DESTRUCTORES DEL TIEMPO EFICAZ

Sobre cómo sacar provecho al tiempo hay muchos mitos. He aquí algunos:

- **Mito de la delegación**. Se ha convertido en un paradigma incuestionable. La clave radica en saber cuándo delegar y cuándo no, cuándo fomentar la participación o cuándo utilizar otras rutas. Algunas pistas para resolver el dilema son: tipo de tarea, urgencia e importancia, competencia y compromiso de las personas.
- **Mito de la energía y la cantidad de trabajo**. Según datos de la OCDE, los españoles dedicamos más horas al trabajo que la media de la UE, pero estamos a la cola de la productividad. El número de horas dedicadas a la tarea no es directamente proporcional a su calidad ni a los resultados obtenidos. Factores como la fatiga o el

estado psicofísico están relacionados con el rendimiento profesional.

- **Mito de la puerta abierta**. Hay profesionales que siempre tienen la puerta de su despacho abierta para todos. Puede mostrar buena disposición, pero también que entren los «ladrones del tiempo» en cualquier momento. Hay un tiempo para todo (Eclesiastés 3, 1-13).
- **Mito de la simplificación**. Prima la economía de la abuela, pero falta perspectiva, considerar dinero y tiempo no tanto como gastos, sino como inversión.
- **Mito de los datos completos**. Esta forma permanente de proceder, propia del perfeccionismo, conlleva el peligro de perder el tren, de obviar la oportunidad.
- **Mito de solucionar problemas de manera urgente**. Se soslaya la importancia, que puede exigir tiempo y reflexión.
- **Mito del activismo**. El más eficaz es el que más se mueve o el que más ruido mete. Una persona puede estar toda su vida dando vueltas como un ratón en la rueda de una jaula.
- **Mito del centralismo**. «Al final, si quieres que las cosas salgan bien tienes que hacerlas tú mismo». A corto plazo puede ser muy eficaz, pero a medio y largo plazo es peligroso.
- **Mito del tiempo enemigo**. «El tiempo se echa encima y me agobia». Más que verlo como un aliado, se le considera un enemigo.

LOS LADRONES DEL TIEMPO

Un ladrón de tiempo es toda persona, actividad o circunstancia que dificulta la consecución de unos objetivos y que, por tanto, «roba» un tiempo que debería ser empleado en otra actividad

Hay ladrones «profesionales», expertos en su trabajo. Son los que nos roban el tiempo valioso. Y hay ladrones «aficionados», pero no menos dañinos.

Ladrones mayores

Tienen que ver con la **incorrecta asignación de tiempo a las tareas**. Son causados por una errónea concepción de la tarea a realizar y por la excesiva rigidez en la distribución del tiempo por bloques de actividades. Ante esta situación hay que revisar los objetivos y reorganizarse.

Ladrones menores

Se encuentran en el entorno (*e-mail*, teléfono, reuniones, desplazamientos, ruidos…), en las personas (visitas inesperadas, interrupciones, impuntualidad…) y en uno mismo (desorientación, desorden, indisciplina, falta de constancia y voluntad…). La detención de estos ladrones requiere reconocimiento y vigilancia estrecha, aplicando normas adecuadas: saber escuchar, saber delegar, mantener un orden en la información, saber conducir entrevistas, ser buenos negociadores, saber decir «no», poner límites a nuestro tiempo, saber sintetizar…

ESTRATEGIAS Y TÉCNICAS DE GESTIÓN DEL TIEMPO

Primero lo primero

Cuenta la historia que un anciano maestro zen mostró a sus alumnos un recipiente grande de boca ancha, lo colocó sobre la mesa, junto a una bandeja con piedras del tamaño de un puño, y preguntó: «¿Cuántas piedras caben en el frasco?».

Después de que sus alumnos hicieran sus conjeturas, comenzó a meter piedras hasta que llenó el frasco. Luego preguntó: «¿Está lleno?». Todos asintieron. Entonces sacó de debajo de la mesa un cubo con gravilla, metió parte de la gravilla en el recipiente y lo removió. Inmediatamente las piedrecillas penetraron por los espacios entre las piedras grandes. El maestro sonrió y repitió: «¿Seguro que está lleno?». Esta vez los alumnos dudaron: «Tal vez no».

«¡Bien!». A continuación puso en la mesa un cubo con arena y lo volcó en el recipiente. La arena se filtraba por los pequeños recovecos que dejaban las piedras y la grava. «¿Está lleno?», preguntó de nuevo. «¡No!», exclamaron los alumnos.

«¡Bien!», dijo, y cogió una jarra de agua de un litro que vertió en el recipiente. Este aún no rebosaba.

«Bueno, ¿qué hemos demostrado?», preguntó.

Un alumno respondió: «Que no importa lo llena que esté tu agenda; si lo intentas, siempre puedes hacer que quepan más cosas».

«¡No!», concluyó el experto. «Lo que esta lección nos enseña es que si no colocas las piedras grandes primero, nunca podrás colocar el resto después».

La importancia y la urgencia en nuestras vidas

Gastamos nuestro tiempo en cuatro tipos de actividades en función de dos factores: urgencia e importancia. Las cosas importantes son las que tienen un efecto decisivo para lograr los objetivos (resultados, relaciones, etc.). Las urgentes son las que exigen su realización inmediata. Así, nuestra actividad engloba este tipo de tareas:

- Importantes y urgentes
- Importantes pero no urgentes
- Urgentes pero no importantes
- No importantes ni urgentes

La persona que gestiona eficientemente su tiempo huye de la esclavitud del activismo o de la urgencia, que afectan a los resultados y a su salud. Los asuntos urgentes e importantes requieren atención inmediata (problemas graves, proyectos de fechas inaplazables como entrega de la programación y las notas…). Los importantes pero no urgentes suelen esconder trampas: porque no son urgentes los vamos dejando en el baúl de los recuerdos o perdidos en listados y cuando nos queremos dar cuenta se han convertido en urgentes e importantes (la urgencia no es el mejor aliado en las decisiones graves). Hay otras tareas que son o podemos percibirlas como urgentes, pero que rara vez son importantes. Estas nos hacen perder mucho tiempo, hasta el punto que uno puede estar todo el día haciendo cosas y al final de la jornada su tiempo ha sido un 95 % improductivo. Aunque la experiencia nos dice que a veces, si no la atiendes, te pueden impedir hacer otras; en este caso, hay que resolverlas de manera inmediata y rápida o «cerrar la puerta». Finalmente, hay tareas que no son ni importantes ni urgentes.

	IMPORTANTE	NO IMPORTANTE
URGENTE	**I** Cuestiones apremiantes Crisis Fechas que vencen Sucesos graves	**II** Interrupciones Compulsiones Teléfono E-mail Algunas reuniones Algunas atenciones alumnos
NO URGENTE	**III** Formación Prevención Crear y cuidar relaciones Buscar oportunidades Inversiones Descansos	**IV** Trivialidades / pasatiempos Algunas cartas / correos Marear la perdiz Cuchicheos y rumores

Estar siempre en el **cuadrante I** mina la salud. Esta clase de personas siempre andan lidiando con crisis. Es un campo muy propio de líderes y directivos. Conviene recordar que tomar decisiones delicadas e importantes no va unido necesariamente a la urgencia: «Vísteme despacio, que tengo prisa».

El **cuadrante II** (urgente pero no importante) es muy atractivo pero engañoso. En él se ubican las personas «parabieneras», entre ellas las que recaban popularidad, son esclavas de su imagen y suelen decir muchos «síes» ardientes. En el ámbito educativo, los alumnos suelen valorarlas positivamente porque ponen buenas notas, no hacen exámenes, son cercanas y les dan la razón, pero no suelen ser ejemplo de exigencia y de buena docencia. Las personas de este cuadrante son disparadoras natas: continuamente reaccionan ante cosas urgentes pero no importantes, se distraen con el soplo de una mosca. Parece que hacen mucho, pero son muy improductivas, dependen de las prioridades y urgencias de los otros y no tienen dominio de su propio tiempo.

Trabajar en el **cuadrante III** parece la situación ideal y productiva. Las personas efectivas evitan los cuadrantes II y IV y trabajan más el III, que es el corazón de la administración eficiente y eficaz del tiempo: prevenir es mejor que curar. Es proactivo, exige revisión constante y trabaja con principios.

Las personas del **cuadrante IV** son las que más pierden el tiempo, situación clásica en el ámbito laboral.

Generalmente, todos desarrollamos actividades que se ubican en todos los cuadrantes, pero hay personas que tienen unos perfiles más definidos. Incluso puede suceder que alguien se ubique solo en uno de ellos.

La importancia de decir «no»

Ejercitar la asertividad, saber decir «no», es decisivo para la efectividad, la salud y el bienestar personal. La gestión de los «noes» exige priorizar o decir «sí» a las cosas importantes y dejar de lado otras que no lo son aunque sean urgentes; es decir, conocer tus necesidades y proyectos y marcar los límites de tu tiempo, tus espacios personales y los de los demás, poner horas de atención y horas de trabajo individual, horas de café, de pasillo. «Si quieres que te hagan una cosa, encárgasela a una persona ocupada». Esta aparente paradoja es una gran verdad, porque las personas ocupadas suelen poner prioridades y son las que te dicen «puedo» o «no puedo». «Si hago lo que me dices, debo dejar lo otro. ¿Qué prefieres?». Así te ayudan a conocer las prioridades y derivar el trabajo a otro.

Soltar lastre

«Y cuando llegue el día del último viaje
y esté al partir la nave que nunca ha de tornar,
me encontraréis a bordo ligero de equipaje,
casi desnudo, como los hijos de la mar»

Contrariamente a la actitud del caminante machadiano, muchas personas padecen el síndrome de Diógenes: recogen y hacinan todo lo que encuentran sin darle uso, lo que dificulta la marcha y la calidad de vida. Sin llegar a tal extremo, todos somos un poco Diógenes y deberíamos conocer los lastres que nos pesan demasiado, como estos:

- Egocentrismo.
- Complejo de cirineo o la tiranía del salvador: tengo, debo hacer inexcusablemente. Llevan al estrés y al agobio.
- Miedos y autodefensas.
- Resentimientos y odios que «perdonan, pero no olvidan».
- Incomunicación, desconfianza.

¿LIEBRES O TORTUGAS?

Cierto día una liebre se burlaba de las cortas patas y la lentitud al caminar de una tortuga. Esta, sin inmutarse ni responder a la provocación, invitó a la liebre a una carrera para ver cuál de las dos llegaba antes a la meta.

La liebre, segura de su victoria, aceptó el reto. Ambas propusieron a la zorra, dada su fama de astuta, que hiciera de juez y supervisara la carrera.

Llegado el día, arrancaron las dos corredoras al mismo tiempo. Confiada en su libertad y ligereza, la liebre se paraba de vez en cuando para descansar y, a la vez, reírse de su rival. La tortuga, en cambio, nunca dejó de caminar y, con su paso lento pero constante, avanzaba a ritmo hacia la meta.

La liebre, en un exceso de confianza y relajación, se quedó dormida en una de sus paradas. Cuando despertó, se dirigió a toda velocidad hacia el objetivo. Sin embargo, la tortuga llegó antes a la meta. Sin prisa pero sin pausa, sin correr pero con perseverancia, obtuvo la merecida victoria.

ENTRE EL *CARPE DIEM* Y EL DOMINIO PERSONAL

El refrán «no dejes para mañana lo que puedas hacer hoy» suele aplicarse a las tareas ordinarias, pero también debiera emplearse con ahínco a la decisión de gozar cada instante porque no sabemos si tendremos otra oportunidad: «Piensa que cada día, es, por sí solo, una vida» (Séneca). No es raro encontrar a algunas personas quejarse: «Toda la vida trabajando y ¿para qué, si no he sido feliz?». Hay que poner manos a la obra antes de que se agrie el mosto de nuestra viña.

Todos hemos experimentado alguna vez momentos de relajación, de paz y de sosiego, en los que nos sentimos suspendidos por encima del tiempo… y desearíamos permanecer así; pero, por desgracia, no son abundantes. Ya hemos hablado de ello en capítulos anteriores. Vivimos deprisa y corriendo, tratando de ganar tiempo al tiempo, y olvidamos que la vida solo se vive una vez, que hay que tratarla con cariño: una puesta de sol, un paseo por la naturaleza, la lectura de un libro, unas notas musicales, la caricia de la persona amada, una sonrisa… ¿Para qué tener más, poder más, correr más, consumir más? ¿Eres feliz? ¿Tu vida es de calidad?

Por **dominio personal** Peter Senge (2015) entiende «la disciplina del crecimiento y el aprendizaje personal». Significa abordar la vida como una tarea creativa, vivirla desde una perspectiva creativa y no meramente reactiva. Aquí «aprendizaje» no significa acumular información, sino expandir la aptitud para producir los resultados que deseamos. Es un proceso que dura toda la vida. Supone un conocimiento de lo que uno es y la realidad sistémica que le rodea y una visión de lo que le gustaría ser, lo cual demanda una «tensión creativa», una actitud de compromiso y compasión consigo mismo y con el mundo que dura toda la vida. Exige un compromiso con la verdad, un compromiso por desvelar las fuerzas inconscientes o subconscientes que nos determinan, porque al final «la verdad os hará libres» (Jn 8, 32).

TÉCNICA DEL QUESO SUIZO

Ante prioridades abrumadoras, aplica la técnica del «queso suizo» propuesta por Alan Klein. Consiste en hacer poco a poco «agujeros» a la tarea ingrata para debilitarla, dedicándole tiempos brevísimos, no pensando demasiado y resolviendo los aspectos más rutinarios o menos difíciles; de esta manera iremos, casi sin darnos cuenta, logrando el objetivo.

RESILIENCIA Y SERENDIPIA

RESILIENCIA es un término adaptado del inglés *resiliency*. Podría traducirse como «resistencia psicológica» o capacidad para adaptarse a los cambios y soportar situaciones adversas. ¿Por qué Viktor Frankl era feliz mientras estaba en un campo de concentración? A. Maslow (1985) habla de un principio de «brecha continental» para describir el hecho de que el estrés separa a las personas en dos grupos: los que son demasiado débiles para soportarlo desde el principio y los que son suficientemente fuertes para enfrentarse a él, hasta el punto de que si salen adelante se vuelven aún más fuertes.

La **SERENDIPIA** es una habilidad de resistencia de nivel avanzado por la que algunas personas son capaces de transformar las experiencias adversas de la vida en retos y resultados positivos. El origen de la palabra se debe a R. Walpole, quien en 1754 la definió como la capacidad para descubrir la buena suerte en accidentes y desgracias, basándose en la historia de *Las tres princesas de Serendip*, que descubrían cosas que no buscaban por accidente o sagacidad. Ha sido popularizada por A. Sielbert, director del The Resilience Center, que trata de reforzar la confianza en uno mismo, la autoestima y el autoconcepto, la curiosidad, la esperanza y las expectativas, la sinergia, el autodominio, la autodisciplina, la resistencia a la frustración y cuidar la salud.

CUANDO EL TIEMPO SE VISTE DE MÚSICA Y DE PALABRA

La poesía es la mejor aliada de la metáfora y de la vida. En ella pasado y futuro se conjugan en un presente infinito: Aquí van unas palabras sabias:

Que el maquillaje no apague tu risa.
Que el equipaje no lastre tus alas.
Que el calendario no venga con prisas.
Que el diccionario detenga las balas.
                    Joaquín Sabina

Caminante, son tus huellas
el camino y nada más.
Caminante, no hay camino,
se hace camino al andar.
Al andar se hace camino
y al volver la vista atrás
se ve la senda que nunca
se ha de volver a pisar.
Caminante, no hay camino,
sino estelas en la mar.
                    Antonio Machado

Mis días son como la sombra que se va
y yo, como la hierba que se ha secado.
                    Salmo 102

Recuerde el alma dormida,
avive el seso y despierte
contemplando
cómo se pasa la vida,
cómo se viene la muerte
tan callando;
cuán presto se va el placer,
cómo, después de acordado,
da dolor;
cómo, a nuestro parecer,
cualquiera tiempo pasado
fue mejor. […]
Nuestras vidas son los ríos
que van a dar en la mar,
que es el morir:
allí van los señoríos,
derechos a se acabar
y consumir;
allí los ríos caudales,
allí los otros medianos
y más chicos;
y llegados, son iguales
los que viven por sus manos
y los ricos.

Jorge Manrique

¿CÓMO RENTABILIZAS TU TIEMPO?

A continuación hay diez afirmaciones sobre el manejo del tiempo. Selecciona la opción que más se corresponde con tu comportamiento (**1**: Casi nunca. **2**: Frecuentemente. **3**: A veces. **4**: Casi siempre).

1. Cada día dedico un tiempo a planificar mi trabajo.

   1   2   3   4

2. Cada año me fijo metas específicas y las pongo por escrito.

   1   2   3   4

3. Diariamente hago una lista de «asuntos pendientes», los jerarquizo y trato de manejarlos en ese orden.

   1   2   3   4

4. Dedico mi tiempo a tareas que son de mi incumbencia y no lo dedico a cosas utópicas, improductivas o ambas.

   1   2   3   4

5. Tengo una agenda flexible para estar en condiciones de manejar las crisis y lo inesperado.

   1   2   3   4

6. Delego satisfactoriamente buena parte de mis actividades.

1   2   3   4

7. Trato de manejar de una sola vez los «papeles» que me llegan, analizándolos de inmediato y decidiendo sobre ellos.

1   2   3   4

8. Tengo una estrategia diseñada para evitar las interrupciones.

1   2   3   4

9. Soy capaz de decir «no» cuando se me requiere en cosas que interfieren con mi tiempo destinado a asuntos pendientes.

1   2   3   4

10. Practico de forma habitual la relajación para reducir las tensiones.

1   2   3   4

Total de puntos obtenidos: __

Si la suma es: La calificación será:

10-25	Mal, debes preocuparte
25-30	Bien, pero puedes mejorar
30-35	Muy bien
35-40	Excelente

Representa en una tarta tu distribución real del tiempo y saca tus propias conclusiones en estas actividades.

Epílogo

Amigo lector:

Como habrás comprobado, este libro que has leído trata sobre la vida, nuestra preciosa y única vida. El confinamiento durante la pandemia del coronavirus me ha brindado la oportunidad de rumiarlo y redactarlo. Me siento agradecido y satisfecho por estar vivo, cuando muchos han sufrido lo indecible, o ya no están entre nosotros.

Como decía el encabezado del capítulo IV, la tarea más importante del ser humano es vivir de manera digna y satisfactoria su propia vida, ser feliz. Así de sencillo y así de complicado. No hay dos personas iguales ni tampoco recetas mágicas. Aunque se han hecho intentos para medir la felicidad, es difícil encontrar criterios objetivos y universales de comparación. Son muchos los factores internos y externos que influyen en la vida dichosa: la biología, la química, los genes, las neuronas, el autoconocimiento y autocontrol, las emociones, el amor, la libertad, el contexto cultural social y familiar, los recursos materiales como el dinero, la salud, las expectativas, el sentido de la vida, los logros… Casi nada, pensarás. Sí, pero son los hilos con los que cada uno tiene que tejer su propio traje.

En sentido estricto, este texto no es un manual de autoayuda, aunque rezume una motivación práctica. Tampoco un código de conducta universal, un recetario de consejos o un ensayo científico. Solo he querido compartir lo que pienso, siento y he vivido, en diálogo con autores tácitos o explícitos reconocidos. Con honestidad y cierto pudor he descubierto las raíces, las ramas y las hojas de mi árbol. Al hacerlo, reconozco que he salido beneficiado por comprenderme, aceptarme y valorarme un poco más.

Al principio, solo tenía una idea vaga de lo que quería. Tras muchas cábalas, me dejé llevar por la intuición y la espontaneidad de la pluma en torno a palabras clave. Luego fueron surgiendo la estructura y los capítulos. Cada uno de los temas podría dar lugar a un tratado con suficiente identidad y enjundia. No he buscado profundidad, sino, con una perspectiva abierta, compartir ideas, sugerencias y experiencias de la vida cotidiana.

Un guiño justo y cordial a todas las personas que anidan en sus páginas y a las que han colaborado para que el proyecto sea realidad. Gracias por acompañarme. Si alguna idea te ha parecido interesante o has subrayado algún párrafo, me doy por satisfecho.

Bibliografía básica consultada

Auster, Paul. (2012). *Diario de invierno*. Ebook. ePub base v2.0.

Bauman, Z. (2017). *Tiempos líquidos. Vivir en una época de incertidumbre*. Barcelona: Tusquets.

Bayes, R. (2007). *El reloj emocional. La gestión del tiempo interior*. Barcelona: Alienta.

Beck, A. y Freeman, A. (2010). *Terapia cognitiva de los trastornos de personalidad*. Bilbao: Biblioteca de psicología. Ed. DDB.

Bell, D. (1964). *El fin de las ideologías*. Madrid: Tecnos.

Ben-Shahar, T. (2011). *La búsqueda de la felicidad. Por qué no serás feliz hasta que dejes de perseguir la perfección*. Barcelona: Alienta Editorial.

Carr, N. (2011). ¿Qué está haciendo Internet con nuestras mentes? Superficiales. Madrid: Taurus.

Cebrián, O. (2019). *La casa del silencio*. Vitoria: Editorial Frontera.

Covey, S. (1995). *Los siete hábitos de la gente altamente efectiva*. Barcelona: Paidós.

Chavarría, M.A. (2007). *Controla tu tiempo, controla tu vida*. Madrid: ESIC.

D'Ors, P. (2016). *El estreno*. Barcelona: Galaxia Gutenberg.

D'Ors, P. (2019). *Biografía del silencio*. Barcelona: Galaxia Gutenberg.

Damasio, A. (1999). *El error de Descartes. La emoción, la razón y el cerebro humano*. Ed. Destino.

Damasio, A. (2000). *The feeling of what happens*. Boston: Harvard Books.

Damasio, A. (2006). *En busca de Spinoza. Neurobiología de la emoción y los sentimientos*. Barcelona: Crítica.

Davidson, R. y Begley, S. (2012). *El perfil emocional del cerebro*. Barcelona: Destino.

De Mello, A. (2015). *El canto del pájaro*. Santander: Sal Terrae.

Durkheim, E. (1999). *Pedagogía y Sociología*. Barcelona: Península.

Einstein, A. (2005). *Mi visión del mundo*. Barcelona, Planeta.

Enders, G. (2015). *La digestión es la cuestión*. Madrid: Urano

Epicteto, I, II, 11. *Disertaciones por Arriano*. Madrid: Gredos.

Foucauld, Ch. (1964). *Escritos espirituales de Charles de Foucauld*. París.

Frankl, V. (2012). *El hombre en busca de sentido*. Barcelona: Paidós.

Fromm, E. (1979). *El arte de amar*. Madrid: Paidós.

Fukuyama, F. (1989). ¿El fin de la historia? *Claves*, 85- 96.

Fuster, V. y Rojas, L. (2012). *Corazón y mente. Claves para el bienestar físico y emocional*. Barcelona: Planeta.

García Márquez, G. (1987). *El amor en los tiempos del cólera*. Madrid: Mondadori.

Ginot, H. (2005). *Entre padres e hijos*. Barcelona: Ed. Médici.

Goleman, D. (1996). *Inteligencia emocional*. Barcelona: Kairós.

Jalics, F. (2013). *El camino de la contemplación*. Buenos Aires: Buena Prensa.

Kafka, F. (2009). *La metamorfosis*. Madrid: Alianza Editorial.

Kishimi, I. y Koga, F. (2020). *Atrévete a no gustar*. Barcelona: Planeta.

Kundera, M. (2007). *La broma*. Barcelona: Seix Barral, Booket.

Lanier, J. (2014). ¿Quién controla el futuro? Barcelona: Penguin Random House.

Lledó, E. (2009). *Ser quien eres. Ensayos para una educación democrática*. Zaragoza: Prensas Universitarias de Zaragoza.

Mayer, E. (2019). *Pensar con el estómago*. Barcelona: Grijalbo.

McLuhan, M. (2009). *Comprender los medios de comunicación.* Barcelona: Paidós.

Montaigne, M. (2007). *Los ensayos.* Barcelona: Alcantarillado, p. 337

Noah Harari, Y. (2015). *Sapiens. De animales a dioses.* Barcelona: Debate.

Pert, C. B. (2012). *Molecules of emotion.* Nueva York: Scribner.

Riesco, M. (2006). *El negocio es el conocimiento.* Madrid: Díaz de Santos.

Riesco, M. (2014). «"Progreso": Una idea controvertida en una sociedad paradójica». *Educación y Futuro* 30, pp. 15-38.

Rogers, C. (2009). *El proceso de convertirse en persona.* Barcelona: Paidós.

Rojas Estapé, M. (2019). *Cómo hacer que te pasen cosas buenas.* Barcelona: Espasa.

Rojas-Marcos, L. (1994). *La pareja rota. Familia, crisis y superación.* Madrid: Espasa.

Rojas-Marcos, L. (2005). *La fuerza del optimismo.* Madrid: Santillana.

Savater, F. (1997). *El valor de educar.* Barcelona: Ariel.

Seligman, M. (2004). *Aprenda optimismo.* Barcelona: Random House Mondadori.

Senge, P. (2015): *La quinta disciplina.* México: Granica.

Thich Nhat Hanh (2018). *Miedo.* Barcelona: Kairós.

Thich Nhat Hanh (2018). *El corazón de las enseñanzas de Buda.* Barcelona: Planeta.

Thich Nhat Hanh (2018). *Enseñanzas sobre el amor.* Barcelona: Zenith.

Trechera, J. L. (2007). *La sabiduría de la tortuga. Sin prisa pero sin pausa.* Córdoba: Almuzara.

Watzlawick, P. (1989). *El arte de amargarse la vida*. Barcelona: Herder.

Wegner, D. M. (1994). *White bears and other unwanted thougts: supression, obsession and the psychology of mental control*. Nueva York: Guilford Press.

Weil, S. (2014). *Echar raíces*. Ed. Trotta.

Wenzlaff, R. M. y Wegner, D. M. (2000). «Thought suppression». *Annual Review of Psychology* 51, pp. 59-91.

Wittgenstein, L. (1960). *Diario filosófico*. Barcelona: Planeta-Agostini.

Wolf, Marianne (2020). *Lector, vuelve a casa. Cómo afecta a nuestro cerebro la lectura en pantallas digitales*. Bilbao: Deusto.

Worden, W. (2013). *El tratamiento del duelo*. Barcelona: Paidós.

Yongey Mingyur Rinpoché (2016). *La alegría de vivir. El secreto y la ciencia de la felicidad*. Barcelona: Granica.

Sobre el autor

Manuel Riesco González es profesor universitario, doctor en Sociología y especializado en Psicología Social; fundador y director de la revista *Educación y Futuro*, formador de expertos en habilidades directivas, educador de personas con problemas de inadaptación social y miembro del Comité Evaluador de Proyectos Nacionales en I+D+I sobre Gestión del Conocimiento. Su libro *El negocio es el conocimiento* es uno de los manuales de referencia en el campo de Gestión del Conocimiento.

mriesco25@gmail.com